Buhl oder Der Konjunktiv

Armin Ayren

Buhl oder
Der Konjunktiv

Roman

Rainer Wunderlich Verlag Hermann Leins

CIP-Kurztitelaufnahme der Deutschen Bibliothek

Ayren, Armin:
Buhl oder Der Konjunktiv: Roman / Armin Ayren.
– Tübingen: Wunderlich, 1982.
ISBN 3-8052-0364-0

ISBN 3 8052 0364 0

© by Rainer Wunderlich Verlag
Hermann Leins GmbH & Co. Tübingen.
Printed in Germany.
Satz und Druck: Gulde-Druck GmbH, Tübingen.
Bindung von Fa. G. Lachenmaier, Reutlingen.

Allen Konjunktiv-Krüppeln gewidmet

Erster Teil

1

Nur keine Ablenkung. Nicht einmal die Möglichkeit dazu. Ich lasse also mein Auto zuhaus, obwohl ich das vermutlich bald bereuen werde, nehme den Zug bis Locarno, dann Busse bis Cannobio. Ich muß in Brissago umsteigen, stehe mit meinen Koffern vierzig Minuten an der Posthaltestelle, studiere die Panoramakarte, kaufe mir die *Weltwoche*. Sie ist voller Anzeigen, immer eine Seite Anzeigen und auf der Rückseite Text, so daß man nichts wegwerfen kann. Ich werfe nichts weg, es ist die letzte Zeitung für länger.

Ich bereue schon, sehe aber, endlich in Cannobio, auf dem Platz vor San Vittore wie angekündigt zwei Taxis, beide leer; die Fahrer sitzen wohl im kleinen Café gegenüber.

San Vittore, nicht zu verfehlen. Die Kirche ist übergroß, bombastisch im Vergleich mit den Häusern drumherum, die sich ausnehmen wie Hundehütten.

Man kann den Turm besteigen.

Das werde ich einmal tun, oder warum nicht sofort? Ich habe Zeit, und Türmen widerstehe ich schlecht. Ich steige hinauf, idiotischerweise mit meinen Koffern, lasse sie aber dann auf der vierzehnten und sechzehnten Stufe stehen, hochkant, die Wendeltreppe ist eng. Natürlich habe ich die Stufen nicht gezählt, ich stelle mir nur einen Leser vor, den solch überflüssige Präzision beeindruckt. Vielleicht erinnert er sich daran, daß er als Kind Treppenstufen gezählt hat. Das Wachrufen solcher Erinnerungen gehört zum Handwerk. Ich könnte den Leser auch beiseitenehmen wie ein Autor des achtzehnten Jahrhunderts: *Freund, sieh her, am Anfang soll es noch ganz exakt zugehen, dir zur Freude, denn später kommt's schlimm genug.*

Menschen, die Treppenstufen zählen, so habe ich einmal gelesen, unterscheiden sich von anderen durch – wodurch?

Cannobio von oben. Rote und graue Dächer. Ein helles Rot, ocker, halbreife Hagebutten, auch das Grau hell, staubig; die grauen Dächer überwiegen. Rot scheint die Farbe der Wohlhabenden zu sein, rote Dächer gehören zu den Innenhöfen mit Gärten oder Kübelbäumchen. Die Ziegel sind schmal, halbrund gewölbt, sie liegen übereinander wie Schilfstückchen, wie halbierte Zimtröllchen. Diese Sucht, Vergleiche anzuführen, und wenn keiner ganz paßt, dann ein paar: irgendwo dazwischen stimmt's. Die Dächer sehen aus, als trügen sie Perücken mit dünnen, streng parallel gekämmten Haarzöpfen wie die Eingeborenen in –

mein Gedächtnis: Einbahnstraßen, die in Sackgassen enden. Ich bin etwas über vierzig, aber schon sind meine Erinnerungen ein Gerümpelhaufen. Nur mit Glück finde ich, was ich suche, meist etwas anderes. Buhl, sagt Else, gehe es ebenso, er mache daraus mit Hilfe von einer Flasche Wein Lyrik und sei noch stolz darauf: Assoziationen, auf die er nüchtern nie verfiele.

Der See. Matt, ölig, oder eher metallisch unter dem verhangenen Himmel, die kleinen Wellen schwerflüssig und sehr langsam. Meine beiden Taxis drunten Spielzeugautos. Hinaufschauen zum Berg und den Turm ausmachen wollen hat keinen Sinn, man sieht von droben San Vittore auch nicht. Ich habe die Stelle dreimal gelesen und herauszufinden versucht, warum er das für erwähnenswert hielt. Buhls Turm steht in einer Mulde, einer Art Bodenwelle am Hang, unterhalb von Sant'Agata. *Monte Giove*, Jupiters Berg. Buhl traut meinen Italienischkenntnissen nicht viel zu; er weiß wahrscheinlich nichts von meinen dreieinhalb Jahren Cremona. Du fährst ein Stück zurück, schreibt er, am Seeufer entlang nördlich in Richtung Grenze (merkwürdig, daß wir uns duzen), dann links bergan über Nizzolino, das sind nur ein paar Häuser, über Ronco und Campeglio, Nester, die im Fels hocken. Kurz vor Sant'Agata zweigt ein Weg links ab, da steht ein verwittertes Schild, *Edenrock-Bar*, das war einmal ein Nachtclub oder wollte einer sein, jetzt ist es eine Ruine. Hundert Meter drunter, links.

Bei Ronco hat sich Buhl vertippt, Rom, zugedeckt mit xxx, dann Ronco.

Ist Buhl nach Rom gefahren?

Davon steht in seinem Brief nichts.

Brief, Schlüssel, ein Foto vom Turm, aufgenommen an seinem Fuß, er sieht wuchtig aus. Bleib, solang es dir gefällt, schreib in Ruhe deinen Roman. Nach Cannobio hinunter brauchst du nicht, Vorräte sind genug da, iß das Zeug auf, ehe es verdirbt. Leer auch den Tiefkühlschrank. Die Kastanien mußt du vor dem Auftauen ansägen, sonst explodieren sie in der Pfanne. Tiefkühlkostsägemesser ganz links in der obersten Schublade.

Tiefkühlkostsägemesser, so steht es im Brief, für einen Schriftsteller eine beachtliche Leistung.

Die Sonne bricht durch. Einzelne Dächer glänzen jetzt hellrot, fast gelb, als wären die Ziegel zu kurz gebrannt worden, aber das ist vermutlich dieser Lehm. Der dunkelviolette Wein im Piemont wächst auf fahlweißer Erde.

Buhl hat einen Weinkeller.

Der steht dir zur Verfügung, ich empfehle dir vor allem einen apulischen Wein, Torre quarto, aber nur, wenn du nicht arbeiten willst, er macht müde.

Ein dicker runder Turm. Nach dem Foto könnte man ihn für alt halten, Rest einer Burg oder eines Grenzwalls. Der Taxifahrer streckt den Arm aus, zeigt ihn mir, als ich mein Ziel angebe, la torre di quel tedesco, eccola. Da droben. Er ragt ein wenig über die Kastanienwälder empor.

Man sieht ihn also doch?

Ja, jetzt. Es ist abgeholzt worden, alle sieben oder acht Jahre wird abgeholzt, dann kommen viele Häuser zum Vorschein.

In einem der Turmfenster gleißt die Nachmittagssonne.

Un Suo amico, il Signor Buhl?

Si, perchè?

Niente, così.

Aber nach fünf Minuten, wir fahren schon die Kehren hinauf, sagt er, ohne sich umzuwenden: È sempre solo, Buhl. Non è un po matto? Dice che sa volare.

Dazu macht er eine Handbewegung, läßt die Hand aus dem Gelenk schaukeln. Diese von Gesten begleitete Sprache, ich hatte es fast vergessen.

2

Buhls Brief in meiner Tasche: Du kannst meinen Turm haben, ich bin nicht mehr dort.

Haben – so drückt er sich aus. Er meint natürlich: du kannst dort wohnen. Er sagt nicht: für immer; er sagt: bleib, solange es dir gefällt. Da er mir keine Frist setzt, brauche ich wohl nicht damit zu rechnen, daß er plötzlich auftaucht und mich loshaben will.

Ich stelle mir trotzdem vor, wie das wäre, hätte er das

haben wörtlich gemeint, im Sinn von *besitzen*. Was täte ich mit Buhls Turm? Ein Turm war immer mein Wunsch, das absolute Refugium, unerreichbar für Kinder, Lärm, Feinde, für alles was stört. Ja, auch für die eigene Frau. Das denke ich nur, gestehe es nur mir ein, ihr nicht, denn schriebe ich es nieder, oder hörte sie es gar aus meinem Mund – sie verstünde es sofort auf eine Weise falsch, daß es mich Stunden der Überredung kosten würde, sie davon zu überzeugen: nein, so war es nicht gemeint; nein, ich liebe dich immer noch.

Auch das wäre der Turm: ein Ort, wo niemand in Papieren stöbert und etwas findet, was er auf sich beziehen kann, um flugs verletzt zu sein, Erklärungen zu fordern, Beteuerungen: sag, daß du mich nicht gemeint hat, aber wenn nicht mich, wen dann?

Was täte ich mit Buhls Turm? Denn es ist sein Turm, nicht meiner. Seinen Turm muß man sich selber bauen, oder zumindest finden, oder erfinden. Nun kann es ja sein, daß mir Buhls Turm gefällt, daß ich ihn nähme, ihn übernähme, wenn das ernst gemeint wäre mit dem *haben*.

Aber wozu stelle ich mir solche Fragen? Ich will dort einige Zeit wohnen, allein, um endlich einen Roman zu schreiben, den ich im Kopf habe und auf Zetteln, noch unentwirrt, den ich in Buhls Turm entwirren will und loswerden, *coucher par écrit*. Buhl hat sich einen Turm gebaut und hat ihn verlassen. Hat er ihn falsch gebaut, oder am falschen Ort, oder hat Buhl sich geändert und ist jetzt der falsche Mann für den Turm, oder hat er es einfach nicht mehr ausgehalten so allein? Denn in einen Turm kann man niemand aufnehmen, das wäre wider den Turm. Ich vermute, er hat mir etwas hinterlassen, vielleicht nur Anweisungen praktischer Art, vielleicht aber auch Erklärungen für seinen Weggang, ich werde ja sehen. Im Brief nichts davon. Der Brief ist kurz. Mein Turm steht leer, du kannst ihn haben, ich bin fort. Das ist alles über diesen Punkt. Ansonsten: die Beschreibung der Zufahrt, der Schlüssel, das Foto, Hinweise auf Tiefkühlkostmesser. Das Taxi legt sich ächzend in die Kurven. Ich lasse den Brief in der Tasche.

3

Der Schlüssel paßt. Ich habe nicht daran gezweifelt und stelle es doch mit Befriedigung fest. Es ist fast, als ergriffe ich Besitz vom Turm: so kommt der Eigentümer nach Hause.

Fünf Stockwerke, fünf runde Turmzimmer übereinander, alle behaglich eingerichtet und sauber aufgeräumt; eigentlich habe ich Unordnung erwartet, Schlamperei, Schmutz; das ist nicht Elses Buhl.

Meine Neugier treibt mich gleich auf die Plattform hinauf. Sieht man die Kirche von hier oben oder nicht? Man sieht sie nicht. Was hat mir der Taxichauffeur drunten gezeigt? Stehen noch mehr Türme hier herum?

Else spricht von Buhl stets, als sei er tot. Wenn sie wenigstens das Perfekt gebrauchte: Buhl hat dies oder das gesagt. Mit ihrem Imperfekt bringt sie ihn um. Buhl war ein Eigenbrötler. Mit Buhl konnte man nie so recht streiten. Auch daß Else ihren früheren Mann beim Nachnamen nennt, hat mich immer befremdet. Dafür gab sie mir einmal eine plausibel klingende Erklärung: Anton mag ich nicht, bei Anton taucht eine Art Dorftrottel vor mir auf oder eine Gipsfigur, der Heilige Antonius, der den Fischen predigt, Fischen aus bemaltem Gips in einer für ewig erstarrten Welle aus Gips. Ich habe Buhl nie Anton genannt.

Wie dann?
Das sagt Else nicht. Sie zögert, als denke sie nach, als versuche sie sich zu erinnern, aber dann sieht sie wohl ein, wie wenig glaubhaft das ist, und schweigt. In mir bleibt ein kleiner Stachel sitzen, sie muß einen Namen für Buhl erfunden haben, einen Kosenamen, das Wort Kosenamen ist scheußlich, oder vielmehr: ich fände es scheußlich, wenn Buhl einen Kosenamen gehabt hätte, *Toni*, oder gar *Buhli*? Nein, so läppisch kann Else nicht sein. Immerhin – mich nennt sie beim Namen, bei meinem Vornamen, gegen den sie offenbar nichts hat; oder bin ich nicht wert, daß man einen Kosenamen für mich findet? Idiotisch, das Ganze, ich will gar nicht wissen, welche Gründe –
wie ist, oder um mit Else zu sprechen: wie war Buhl?
Eins steht fest: Es muß schwer gewesen sein, mit einem Mann zu leben, der in einem Turm wohnt, auch wenn er noch keinen hat, und dessen ganzes Trachten nur danach geht, zu seinem Turm zu kommen.
Montaigne hat auch in einem Turm gelebt, zeitweise wenigstens, aber nicht ganz allein, nur das oberste Zimmer durfte außer ihm niemand betreten. Seine Frau reichte ihm das Essen durch eine Bodenklappe. Ich stelle mir vor, wie er ihr die leeren Töpfe und Teller wieder durch dieses Loch zurückgab, vielleicht nachdem er vorher dreimal mit dem Fuß aufgestoßen hatte, oder nur zweimal, sicher nur zweimal, das mußte genügen, wie er ihr das schmutzige Geschirr hinunterstreckte, um es los zu sein und sich wieder seinen Büchern zuzuwenden –
was er schrieb, nannte er Versuche. Das klingt bescheiden. Er hat viel versucht. Er hat auch, merkwürdig genug, die Deckenbalken seines Turmzimmers mit Zitaten aus griechischen und lateinischen Klassikern bemalt. Man kann es heute

noch sehen. Diese Inschriften wirken kindlich und überraschen bei einem Mann, der die Sentenzen, die er da kalligraphisch auf Holz pinselte, im Kopf gehabt haben muß. War es eine Abwehr gegen böse Geister, die ihn mit anderen Sätzen heimsuchten?

Ich muß an abergläubische Seeleute denken; sie schreiben Sprüche aus dem Koran auf Röllchen und binden diese, zur Abwehr von Gefahr, um die Segelstangen. Die Frau mit den Roßkastanien hätte Hauff, falls er das erfunden hat, nicht erfinden können, die mir einmal verriet, wie sie sich gegen Krebs schützt: Sie trägt stets drei Kastanien in einer Tasche auf ihrer linken Hüfte; auf jede hat sie ein Wort geschrieben, zusammen ergibt das: *Ich bin gesund.* Und das glaubt sie. Fast hätte ich sie gefragt, ob sie einmal darüber nachgedacht hat, daß die Kastanien auch einen Fragesatz bilden können.

Montaigne hätte über die Kastanien vermutlich gelächelt. So aufgeklärt war er zumindest. Oder auch nicht – die Schulmedizin, soweit es damals eine gab, hat ihm ja auch nicht von seinem schmerzhaften Harngrieß geholfen. Mit dem hat er sich auf seine Weise abgefunden, seine Deckenbalken bezeugen es. In Sextus Empiricus' *Hypotyposes* hatte er ein Rezeptbuch gegen alles. Andere Leser streichen sich Stellen an oder machen Exzerpte auf Zettel, die sie dann verlegen – Montaigne schrieb, was ihm wichtig dünkte, auf seine Deckenbalken.

Da steht es und verblüfft noch heute:
Kann sein, kann aber auch anders sein.
Ich entscheide nichts.
Ich verstehe nicht.
Ich schiebe mein Urteil auf.
Ich kann nicht verstehen.
Nichts mehr.

Gewiß, es steht auch anderes an der Decke – und doch. Wieviel Lebenserfahrung muß man hinter sich haben, um zu solchen Schlüssen zu kommen? Buhl, vermute ich, wäre mit diesen Sätzen einverstanden gewesen. Aber vielleicht täusche ich mich, er hat manches entschieden, zum Beispiel seine Flucht.

4

Buhl, hat Else einmal erzählt, konnte man oft nicht verstehen, oder vielmehr, man verstand ihn erst, wenn man begriffen hatte, daß es da nichts zu verstehen gab.

Die Sache mit den Kerzen. Wir reisten viel in den ersten Jahren, weil ich dachte, wir müßten unsere Freiheit genießen, ehe Kinder kämen, und immer, wenn Buhl eine Kirche anschauen ging, in der die Muttergottes oder irgendein Heiliger durch eine Ansammlung brennender Kerzen beräuchert wurde, sah er sich gleich um wie ein Dieb. Ich meine nicht Altarkerzen, sondern diese langen dünnen, die man kaufen kann und dann auf die Dorne eiserner Rechen steckt oder in Ringe, vor allem im Süden, da glimmen immer ein paar Stümpfchen vor sich hin, vor Wundertätigen auch mehr, manchmal ganze Batterien von Kerzen. Buhl sah sich um, sehr vorsichtig ging er zu Werk, er steckte neue Kerzen auf, anfangs nur ein paar, später soviel er konnte, den ganzen Vorrat, bis der Rechen voll war, zündete das Lichterfest an und freute sich wie ein Kind an Weihnachten oder eigentlich wie eins, das einen Streich gespielt hat und nicht erwischt worden ist. Beim ersten Mal, als ich noch nicht wußte, daß Buhl nicht bezahlen würde, wollte ich ihm in den Arm fallen:

Was soll denn das, du glaubst doch nicht, diese sinnlose Verschwendung! Auch später noch habe ich ein paarmal mit ihm Streit angefangen deswegen; ich dachte, er wolle irgendetwas demonstrieren, zum Beispiel, daß Frömmigkeit sich nicht portionenweise anbieten läßt, oder daß eine aufgesteckte Kerze den Spender nicht vertreten kann, *om mani padme hum*, ihn nicht und sein Gebet nicht, oder auch nur, daß ihm die paar heruntergebrannten Stümpfchen zu ärmlich erschienen – ich wollte es ihm in den Mund legen, aber er lachte nur: Laß mich doch. Es macht mir Spaß. Ich gebe der Jungfrau ein Fest. Alles auf einmal, sicher gefällt ihr das besser als immer nur ein bißchen.

Eins muß ich Else zugute halten: Sie rechtfertigt sich nicht. Sie gehört nicht zu den Frauen, die jede mißlungene Liebe dem nächsten Mann als eine Kette von Irrtümern zu erklären suchen. Buhl war eben so, sagt Else, alles in allem war er gut, wie er war. Hätte ich dich sonst geheiratet? Denn wie ähnlich seid ihr doch einander!

Da liegt der Hund begraben. Else muß es wissen. Seitdem interessiert mich Buhl, nicht um seinetwillen, sondern um meinetwillen. Käme der Teufel zu mir und wollte mir meine Seele abschachern, ich glaube, ich gäbe sie ihm, wenn er mich dafür ein paar Tage Buhl sein ließe.

5

Ich müßte jetzt beginnen. Die Arbeit, um deretwillen ich hier bin. Den Roman. In meinem Kopf ist der Plan fertig, zum ersten Mal; ich hatte sonst stets nur einen Einfall und schrieb los und wußte nicht, was draus werden würde. Wenn es sich entwickelte, zunahm, dann nach irgendwelchen verborgenen Gesetzen, von denen ich nie etwas begriffen habe, falls es sie überhaupt gibt – ich glaube eher, daß es sie nicht gibt, daß mein Hirn chaotisch arbeitet. Irgendwelche Impulse, Zufälle, feuchte Luft im Badezimmer, etwas wie Schillers faule Äpfel setzen es in Gang, aber das ist schon wieder ein falsches Bild: in Gang gesetzt werden kann nur eine Maschine, und die läuft so, wie man sie konstruiert hat, also nach Gesetzen. Von den Hirnen anderer und ihrer Arbeitsweise weiß ich nichts, faule Äpfel sind ja eher kurios und ohne Erkenntniswert. Ich habe einmal gelesen, ich glaube in einem Buch über moderne Lyrik, Genie sei nichts weiter als die Fähigkeit, Nichtzusammengehöriges doch zusammenzubringen, und das tut ja Buhl anscheinend auch; er trinkt, und dann dichtet er.

Hinge das Gelingen von den äußeren Bedingungen ab – mein Roman müßte ein *magnum opus* werden. Gespitzte Bleistifte, ein ganzes Marmeladeglas voll Faber Castell 2 B, Stapel guten Papiers, dazu die Bücheratmosphäre, der Schreibtisch in einem runden Zimmer hoch überm Land, und selbst dieses Land gehört dazu, das ich vom Schreibtisch aus nicht sehe, das aber doch da ist: ich brauche nur aufzustehen und ans Fenster zu treten. Fast zu einfach ist das.

Zuhause trete ich ans Fenster, weil ich mich über den Straßenlärm ärgere, über das Schüttern der Preßlufthämmer, über ein Reifenquietschen, ich stehe auf und sehe nach und ärgere mich. Die Stille hier – davon habe ich immer geträumt, und jetzt habe ich sie.

Mit der Bereitstellung der Schreibutensilien habe ich Stunden verbracht und mich dabei an einen heißen Sommer erinnert, ich glaube es war Juli 1976, als ich auch einen Roman zu schreiben versuchte und dankbar dafür war, am Abend den Garten spritzen zu dürfen. Garten spritzen, das muß sein, es müßte auch sein, wenn es mit der Arbeit nur so flutschte, doch nun flutschte es nicht, und so empfand ich das Gartenspritzen als das einzig Nützliche, der Schlauch in der Hand beruhigte mein Gewissen: wenigstens das hast du heute getan.

Die äußeren Umstände – ich habe den Wein noch nicht genannt. Er ist entkorkt, eine Flasche von diesem apulischen Rotwein, den mir Buhl empfahl und von dem er mir abriet zur Arbeit – ich werde ihn schluckweis trinken, dann macht er mich nicht müde. Er ist gut. Auch in Weinen scheint sich Buhl also auszukennen. Ich trinke, ich schaue durch die dunkelrote Flüssigkeit, sehe zu, wie sie in fetten Tropfen vom Glasrand abwärts kriecht, höre nur meinen Atem. Den höre ich. Ich lehne mich zurück und hole tief Luft, weil das Papier weiß bleibt.

Warum ist die Idee zu einem Roman noch kein Roman? Ach, das lästige Niederschreiben, das langsame, viel zu langsame Festmachen der Bilder und Szenen, das Feilen am Ausdruck, das Streichen und Ändern, das Neutippen, wieder und wieder. Ich sehe Wortwiederholungen sich vor mir auftürmen, Seite um Seite – warum zum Kuckuck spürt man sie nicht, wenn man schreibt? Man müßte eine eingebaute Klingel haben wie die der Schreibmaschine am Walzenende, ein Glöckchen gegen Wortwiederholungen. Ich hätte einen Beruf ergreifen sollen, der mit Aufräumen, Saubermachen, Bereinigen zu tun hat, Fensterputzer, Straßenkehrer, irgendeine Sisyphusarbeit, damit mir dieses Ausmerzen von Wortwiederholungen weniger schlimm erschiene, Polizist, Henker.

Ich sehe einen Polizisten vor mir, den Strafzettelblock in der Hand, der vor meinem Manuskript sitzt und für jede

Wortwiederholung fünf Mark kassieren will, und weil es Geld kostet, fange ich mit ihm zu streiten an und begründe, weshalb diese und jene Wiederholung kein Stilfehler ist, sondern beabsichtigt. Der Polizist zieht den kürzeren, er ist mir nicht gewachsen, aber recht hat er doch gehabt; ich verbessere alles.

Henker? Der Henker bin ich selber, die zu rasch wiederholten Wörter baumeln am Galgen oder vielmehr am Seil, einem Wäscheseil, weil es so viele sind, lauter Socken, lauter Unterhosen, alle weiß, immer dasselbe, jeder kann sie baumeln sehen und lacht über das schlechte Manuskript.

Draußen kommt Nebel auf.

Ich habe Kopfweh.

Ich bin meinen Plan noch einmal durchgegangen, während der Herfahrt. Im Gotthardtunnel hatte ich ein paar gute Ideen und auch nachher noch, bis Bellinzona, ich habe Stichworte notiert. Bahnfahrten, ich bin immer gern mit dem Zug gefahren, das leise Rütteln schüttert mir die Gedanken zutage, als seien's leichte Erbsen, die aufsteigen in einem Topf, während die schweren absinken. Vielleicht müßte ich bahnfahren, die Eisenbahn als Schublade voll fauler Äpfel, oder reiten, oder mir hier ein Schaukelpferd mit eingebautem Rumpelvibrator installieren, einen elektrischen Pegasus, und davor den elektrischen Eckermann, das Tonbandgerät, damit ich gewappnet bin, wenn es hoch und über mich kommt.

6

Ich weiß zu wenig. Ich müßte mindestens noch die *Lettres Persanes* lesen, den *Gulliver*, ein paar Bücher der deutschen Spätklassiker, dazu die Enzyklopädisten und Aufklärer. Ich hätte für Monate genug zu tun mit Lesen. Aber diese Arbeit honoriert mir das Finanzamt nicht, der Leser übrigens auch nicht – der soll gar nicht merken, was an angelesenem Buchwissen mit einfließt.

Mein Roman entsteht im 18. Jahrhundert; das ergibt sich aus dem Thema. Ein Aufklärer um 1770 schreibt einen Zukunftsroman, der zweihundert Jahre später spielt. Er kann sich die Welt nicht technisch verändert vorstellen, obwohl er auch da an Fortschritte denkt: er beschreibt eine Kerze, die man nicht mehr schneuzen muß. Eine geniale Erfindung sorgt dafür; das zuviel abschmelzende Wachs wird durch ein dünnes Glasröhrchen nach oben geleitet, die Hitze der Kerzenflamme treibt es hoch, von dort tropft es wieder in die Flamme – fast ein Perpetuum mobile.

Nein, noch keine Technik. Der Leser soll zuerst lächeln dürfen über soviel Unverstand, soll sich dem Aufklärer überlegen fühlen, soll glauben, es werde ihm gezeigt, wie herrlich weit wir es inzwischen gebracht haben. Aber dann merkt er: ein anderer Fortschritt hat stattgefunden, im Roman, ein viel wichtigerer – die Welt ist humaner geworden. Kriege gehören der Vergangenheit an, Sklaverei und Folter sind Fremdwörter, die man nachschlägt, wenn man Geschichtsbücher liest. Die Menschen von 1970 ersticken Krankheiten im Keim. Keine Schwindsucht mehr, und der Krebs hat nie so überhand genommen. Die Güter sind gerecht verteilt, jedermann hat sein Auskommen. Wettbewerb und Hervortreten aus der Menge geschehen durch immer neue Erfindungen in Ackerbau und Glückswissenschaft – ja, dieses Wort gibt es, und der Autor vergißt nicht anzumerken: noch sind nicht alle glücklich, noch brauchen wir diese Wissenschaft, aber vielleicht nicht mehr lang.

Wenn mein Roman gut werden soll, muß die Satire verwunden. Swift schwebt mir vor mit seinen Pferden, er schlägt dem Leser seine Menschennatur, seine Unnatur um die Ohren in einer Weise, daß man sich nie mehr ganz davon erholt. Mit einer Utopie werde ich es schwer haben. Wer liest schon gern Geschichten von idealen Welten? Selbst Platons Leser gähnen beim *Staat*.

Ich weiß noch nicht, wie ich es anpacken soll. Die Gegenüberstellung von tatsächlichem Chaos und der Welt, die sich mein Autor erträumt, muß aus jeder Zeile springen. Aber wie?

Ein paar Kapitel sehe ich vor mir, eins über die Kirche zum Beispiel, die einfach geworden ist statt verkrustet und hart, die ihren Formenkult abgelegt hat und dafür sorgt, daß der Mensch sich nicht zu sehr vermehrt. Priester verteilen die Pille. Die Pille – diese Idee könnte mein Autor schon gehabt haben, warum nicht? Oder ich lasse ihn ein Kraut finden, das Frauen nur zu kauen brauchen, das wäre schöner und natürlicher. Weg mit Medizin und Östrogenen.

Ich sehe auch ein Kapitel, in dem ich die Sahara blühen lasse, ganz Nordafrika in einen Garten verwandle. Mit dem, was der Zweite Weltkrieg gekostet hat, rein materiell, wäre dies möglich gewesen, heißt es.

Meine Schwierigkeiten fangen bei den Figuren an. Den Fortschritt müßte man an fortgeschrittenen Menschen zeigen. Wie spricht, denkt, handelt der höherentwickelte Mensch? Stelle ich ihn mir weniger aggressiv vor, weiser, – dann bin ich schon mitten in der fadesten Utopie.

Ich müßte einen Bösewicht einführen, einen Zurückgebliebenen, einen Menschen wie wir sind, der aber überall auffiele, als Kranker behandelt würde. Oder besser einen naivgläubigen Kerl, der blind auf die Vorsehung vertraut. Vor wichtigen Entscheidungen betet er: Lieber Gott, gib mir ein Zeichen.

Diese Bitte wird stets erhört. Wenn man darauf wartet, ist alles ein Zeichen. Und wenn absolut nichts geschieht, ist eben das das Zeichen. Gott schweigt, folglich ist er dagegen, oder er warnt nicht, also ist er dafür.

Ich sitze am Tisch und finde keinen Anfang. Geschrieben ist noch keine Zeile, und das Gewimmel der Ideen im Kopf als Alibi – lassen wir das.

Soll ich einfach drauflosschreiben? Wenn es schlecht wird, kann ich's korrigieren, das ist immerhin mehr als leeres Papier.

Lieber Gott, soll ich oder soll ich nicht? Gib mir ein Zeichen.

Der liebe Gott muß in prächtiger Laune sein: das Licht geht aus und wieder an, dreimal, es flackert nicht, es morst. Und jetzt ruft unten jemand: He, Buhl, warum machen Sie nicht auf? Ich sehe doch, daß Sie Licht haben.

Eine Baßstimme.

È sempre solo, der Taxifahrer wußte doch nicht ganz Bescheid.

Ich zwänge meinen Kopf durch das winzige Fenster und sehe unten im Halbdunkel eine Gestalt. Ich bin nicht Buhl. Herr Buhl ist verreist.

Vereist? Wie denn das? Öffnen Sie trotzdem, mit dem Druckknopf unter der Tischplatte.

Tatsächlich, da ist einer, fast wie die Alarmklingel in einer Sparkasse. Es summt. Schon knarzt die Treppe. Einen Augenblick lang stelle ich mir vor, der späte Besucher könnte trotz der tiefen Stimme auch eine Frau sein, aber das erste, was ich von dem eben Eintretenden zu Gesicht bekomme, ist ein spitz nach vorn gestoßener schwarzer Bart, ins Zimmer gereckt wie ein Fühler.

Grinzinger. Störe ich?

Das weiß man nie. Wenn mir noch eine Geschichte eingefallen wäre, die könnte ich jetzt in den Kamin schreiben.

Der Mann, der sich Grinzinger nennt, schaut zum Kamin, als sei meine Redensart wörtlich gemeint, und da kommt mir, daß sie schief war; man sagt: etwas in den Wind schreiben. *Verreist, vereist,* war das ein Mißverständnis oder Absicht? Ich vergesse den Besucher, ich sehe Buhl den Monte Giove hinaufklettern, Buhl sempre solo, verarmt, vom Erfolg im Stich gelassen, hat Säcke voll Kastanien gesammelt, auch viele eingefroren, aber dann ist ihm sein Tiefkühlkostmesser abgebrochen, oder man hat ihm den Strom abgeschaltet, weil er nicht mehr zahlte, alle Kastanien sind aufgetaut und verdorben, ganz unten kamen noch drei Kalbsschnitzel zum Vorschein, schon grün, sie rochen schrecklich, die hätte Buhl, als er noch schrieb, einfach weggeworfen, aber jetzt erschrickt er: ich hätte noch drei Schnitzel gehabt. Ein paar Eier dazu von Galottis Hühnern, ein wenig Reis vom Pfarrer in Sant' Agata, einem mageren jungen Kaplan, der aussieht, als hungre er auch, ein paar Kastanien hätte ich noch im Laub gefunden, nicht alle fressen die Eichhörnchen und die Siebenschläfer, auch die Mäuse schaffen's nicht, povero Buhl, è sempre solo, sempre più solo –

nein, das wird zu rührselig, ich muß diesen Buhl aus viel größerer Distanz anvisieren. Härter. Kälter. So kalt, daß er vereist.

7

Am Nachmittag des ersten Januar sucht der Zollbeamte Carlo Giuseppe Gargan, den ein Dienstvergehen aus seinem heimatlichen Venetien in die Voralpenberge verschlagen hat, von der östlichen Seeseite aus mit dem Zeißglas, lustlos wegen des Feiertags und noch leicht verkatert vom Sylvesterpunsch, die Hänge des Monte Limidario ab. Viele der Einheimischen, so weiß man, schmuggeln dort oben regelmäßig Zigaretten über die Grenze. Aber heute ist es still. Die Leute liegen zuhaus und schlafen ihren Rausch aus, oder sie haben Angst wegen der Spuren im Schnee. Denn über Nacht ist Neuschnee gefallen.

Als er den Grenzberg nach sich Bewegendem abgegrast und nichts gefunden hat, richtet er sein Glas aus Langeweile links auf den Monte Giove, einen niedrigeren, uninteressanten Berg, der aussieht wie ein abgeplatteter Zuckerhut und bis zur Spitze bewaldet ist. Nach einigen Augenblicken planlosen Schweifens mit dem Feldstecher entdeckt Gargan einen Mann. Der Mann ist, etwa auf halber Höhe zwischen dem letzten Dorf und dem Gipfel, noch unterhalb der Schneegrenze, dabei, sich durch Gestrüpp und Nadelhölzer mühsam nach oben zu kämpfen. Offenbar hat er den Weg verloren, falls es einen Weg überhaupt gibt. Mit dem Glas ist keiner auszumachen. Helle senkrechte Linien sind, das weiß Gargan, Grenzen zwischen Kahlschlägen und aufgeforsteten Parzellen.

Der Mann kommt nur langsam vorwärts. Er trägt, soweit Gargan erkennen kann, keine Bergsteigerkleidung, eher eine Art Straßenanzug. Er scheint sich mit dem Stock den Weg durch das halb mannshohe, verfilzte Gebüsch zu bahnen, das sich in einem Kahlschlag breitgemacht hat.

Gargan fragt sich, was der Mann da oben will. Lockt ihn das Gipfelkreuz? Oder die heute allerdings besonders gute Aussicht? Die Luft ist so klar, daß man selbst auf diese Entfernung Einzelheiten scharf sieht.

Doch dann hat der Mann nicht mehr viel Zeit. Es wird Abend. Auch dem Mann selbst scheinen, nachdem Gargan ihn eine halbe Stunde lang beobachtet hat, Zweifel zu kommen. Er hält inne, bewegt sich eine Zeitlang nicht, dann biegt er, statt weiter nach oben zu streben, im rechten Winkel ab und gelangt auf diese Weise durch hohes Gebüsch, Farnkraut vielleicht oder Kastanienunterholz, an das ziemlich steile Bett eines Bergbaches, der den Hang wie eine Schneise teilt. Der Mann klettert über Felsen und Geröll im Bachbett abwärts, er hält sich oft an überhängenden Zweigen fest, macht, auf seinen Stock gestützt, Sprünge, hüpft von Stein zu Stein, rutscht auch ein paarmal aus, wahrscheinlich auf glitschigem Fels, erhebt sich aber jedesmal wieder, zur Freude Gargans, der, schon ganz gebannt, den gefährlichen Abstieg verfolgt. Doch dann, nach etwa zehn Minuten, setzt sich der Mann auf einen Felsblock und bleibt da sitzen. Gargan rädelt sein Glas so scharf wie möglich, um den Mann in der beginnenden Dämmerung nicht aus den Augen zu verlieren.

Unterhalb der Stelle, wo der Kletterer haltgemacht hat, fällt das Bachbett in einem Sturz gut fünf Meter steil ab. Auch die seitlichen Wände sind hoch. Der Bach scheint sich hier in den Felsen eingeschnitten zu haben; vielleicht ist da im Frühjahr ein Wasserfall. Möglich auch, daß die hellen senkrechten Streifen im Gestein nicht Wasserfäden, sondern Eiszapfen sind, oben liegt ja Schnee, und vier Tage zuvor hat er bis zur Uferstraße gereicht.

Die Nacht fällt nun rasch ein. Der Mann bleibt, solange Gargan sehen kann, unbeweglich sitzen, so unbeweglich, daß der Zöllner sich fragt, ob jener braune Fleck auf dem grauen Stein, jetzt immer mehr grau in grau und kaum noch erkennbar, wirklich ein Mensch ist.

Am anderen Morgen bedeckt frischer Schnee den ganzen Monte Giove. Ein Kälteeinbruch. Gargan findet den Bachsturz nur mit Mühe wieder, kann aber in dem fleckigen Weißdunkel des Bergwaldes nichts mehr unterscheiden, die Luft ist auch dunstiger heute, die Sonne scheint nicht.

Gargan schreibt seiner Braut Donatella, sie möge ihm zwei Paar dicke Wollsocken schicken, es sei kalt am Langensee.

8

War es so, Buhl? Könnte es so gewesen sein? Darüber läßt mich Grinzinger nicht weiter nachdenken: Sie sitzen also da und warten auf Einfälle? Dazu lacht er in seinen schwarzen Bart hinein oder draus heraus; ich weiß nicht, wie er lacht. Früher, als ich dergleichen noch für gut hielt, hätte ich mir notiert: er lacht schwarz.

Dann besinnt er sich, zieht seinen Mantel aus und macht es sich am Kamin bequem, als sei er hier so gut wie zuhause. Breitbeinig sitzt er da, den Oberkörper nach vorn gebeugt, die Fingerkuppen gegeneinander gestemmt, fast ein Psychoanalytiker, der auf den ersten Traum wartet, mindestens ein Sachverständiger in einer Diskussionsrunde im Fernsehen. Und schaut mich an.

Ich schaue ihn auch an, ebenso direkt. Ich sage nichts. Eigentlich müßte ich mich vorstellen; er hat mir seinen Namen gesagt und wartet nun wohl auf meinen, aber ich will noch barsch bleiben, um ihn, wenn nötig, rasch wieder loszuwerden.

Als habe er meine Gedanken erraten, steht er auf, geht zum Wandschränkchen, in dem Buhls Alkoholika sind, und gießt sich seelenruhig einen Portwein ein.

Möchten Sie auch ein Glas? fragt er, ganz ulkig.

Ja, sage ich. Das ist die kürzeste Antwort, *nein* wäre schon länger. Hätte ich *nein* gesagt, müßte er sich etwas anderes ausdenken, um mich zu verblüffen oder sich über mich lustig zu machen. Ich vermute, er hat noch Möglichkeiten.

Ich bin Schachspieler, sagt er entgegenkommend. Ab und zu spiele ich mit Buhl eine Trainingspartie. Buhl ist nicht gut; ich gebe ihm immer einen Turm vor.

Einen Turm?

Grinzinger grinst. *Die Puppe in der Puppe.*

Ist das ein Beruf, Schachspieler?

Er grinst wieder. Es gibt eine Art von Humor, sagt er, auf die man eingespielt sein muß, sonst ist's keiner. Verzeihen Sie also. Nein, Berufsschachspieler bin ich nicht. Buhl lebt allein, ich lebe allein. Wir treffen uns nicht, um weniger allein zu sein, sondern zum Schachspielen. Uns ist beiden wohl, wenn nicht viel geredet wird. Beim Schach läßt sich gut schweigen. Spielen Sie?

Nicht gut genug, fürchte ich. Es ist zu lange her. Wir werden also miteinander reden müssen, falls Sie sich nicht aufs Portweintrinken beschränken wollen. Buhl, so vermute ich, hat Ihnen nichts von seiner Abreise gesagt?

Doch, in Andeutungen, aber nichts Präzises. Kein Datum.

Nun, er ist verreist. Für länger. Und er hat mir, wie Sie sehen, seinen Turm zur Verfügung gestellt.

Sagten Sie nicht etwas von Geschichten? Sind Sie auch Schriftsteller?

Ja.

Dann ist Buhl ein besserer.

So?

Er hätte diesen Ausdruck nicht benützt: zur Verfügung stellen. Der Turm steht, Buhl stellt ihn nicht, auch nicht zur Verfügung. Sind Sie Journalist?

Nein, Herr Grinzinger. Nun hat mir Buhl seinen Turm weder vermietet noch verkauft noch geschenkt. Ausleihen kann man Türme auch nicht. Wie also hätte ich sagen sollen?

Darauf geht Ginzinger nicht gleich ein. Er überlegt, dann brummt er: Ich weiß nicht. Sicher kann man anders sagen. Buhl achtet sehr auf seine Worte. Sehr. Das letzte Mal hat er mir etwas über den deutschen Konjunktiv erzählt, das war ihm so wichtig, daß wir darüber die Partie vergaßen.

Sie auch?

Ja, ich auch. Es war nämlich spannend. Ich hatte nie im Leben über den Konjunktiv nachgedacht, aber Buhl sprach davon so, daß ich, solange er sprach, den Eindruck hatte, es gebe kaum etwas Wichtigeres. Ich weiß jetzt über Feinheiten im Gebrauch Bescheid, die Sie bestimmt nicht kennen, und noch vor ein paar Wochen hätte ich den Konjunktiv mit der Konjunktur verwechselt. Das kann er, der Buhl: einem etwas erklären. Und Sie – was tun Sie? Schreiben Sie einen Roman?

Im Augenblick nicht. Ich möchte, aber es geht nicht.

Grinzinger kratzt sich am Bart und dann auch noch am Hinterkopf. Es sieht aus wie bei einem Affen.

Einer wie der andere, sagt er schließlich. Buhl – er hält inne, sieht mich an, als müsse er überlegen, ob ich vertrauenswürdig genug bin.

Buhl, ja? Wie haben Sie ihn kennengelernt?

Sicher kennen Sie ihn besser als ich, wenn er Ihnen seinen Turm überläßt. Überläßt – sehen Sie, so hätten Sie sagen können. Ich habe hier die elektrischen Anlagen installiert. Ich bin Schweizer, aus Olten. Deutschschweizer gelten hier als besonders zuverlässig. Mir haben sie diesen Ruf kaum zu verdanken, ich habe schon viel Murks gemacht, auch hier bei Buhl. Wenn ich auf Arbeit warten muß, sitze ich im Café Verbano in Ascona. Was ich vorhin sagte, stimmt nicht. Ich spiele nicht so besonders gern Schach. Nur um Leute kennenzulernen. Man stellt eine Partie auf und hofft, daß jemand herguckt und Lust hat. Das Spiel verpflichtet zu nichts. Ich habe genug Zeit, den Partner in aller Ruhe zu studieren, so aus den Augenwinkeln, während er aufs Brett starrt und seinen Zug überlegt. Wenn ich glaube, es könnte sich lohnen, fange ich eine Unterhaltung mit ihm an. Ich merke bald, ob ich mich getäuscht habe. Bei Buhl hatte ich mich nicht getäuscht.

Das war gestern. Ich weiß nicht mehr, wie das Gespräch mit Grinzinger weiterging, ich weiß nichts mehr, ich sehe nur noch diesen Nebel.
 Der könnte Buhl fortgetrieben haben.
 Nie zuvor habe ich solchen Nebel erlebt. Die Welt ist zu. Noch vor einer Viertelstunde lag der See klar, dann stieg's auf, fiel vom Himmel, glitt die Berghänge herunter, in Fetzen zuerst, dann in dicken Schwaden; aus dem Cannobinotal kam ein Tatzelwurm gekrochen, leckte am See, schwoll an, deckte das Wasser zu, Nebelmutter, Mutterwurm, Nebelungetüm, die wunderbare Nebelvermehrung. Jetzt sieht man die Hand nicht mehr, wenn man sie ausstreckt.
 Das Fenster zu, sonst wird's klammfeucht. Es dringt aber durch die Ritzen, dringt ins Zimmer und ins Gehirn, ich werde einen Schnupfen bekommen, nicht holen werde ich ihn mir, sondern er kommt zu mir, kriecht mir unter die Gesichtshaut, ein Nebelkatarrh. Ich spüre schon, wie er sich mir in der Nase zudickt, in den Nebenhöhlen, Nebelhöhlen, wie

sich ekler weißer Schleim bildet, ich sehe mich schon mit einem Tuch überm Kopf über einen Topf gebeugt, heiße Kamillendämpfe einatmend, die beißen, die guttun sollen, die ich ertrage, indem ich mich ablenke: vor zehn Jahren hätte ich vielleicht noch gesagt, es sitzt ein Gott aus Watte überm See und mästet sich und erstickt die Fische.

Der Turm schützt. Nichts von Ritzen. Ich sitze im Trockenen und mache Worte. Ich erleide Rückfälle, feiere Wortorgien, rede vom Nebel. Von einem Nebel, der den Turm geschluckt hat. Der Turm ist nicht mehr da, es gibt ihn nicht mehr. Von der Straße aus, die nicht mehr zu sehen ist, könnte man den Turm nicht mehr sehen, aber die Straße gibt es trotzdem noch; ich weiß nicht, warum mir das sicherer scheint. Wozu überhaupt dieser Turm? In einer Hütte im Flachland säße ich jetzt ebenso, oder ebenso nicht, ich erhebe mich über nichts mehr, Nebel überall, hundert Stockwerke würden nicht hinausführen über diese Schwaden. Oder vielleicht doch.

9

Heute morgen bin ich nach Cannobio hinuntergegangen. Eine Dreiviertelstunde. In Campeglio, dem Nest gleich unter meinem Turm, zweigt von der kurvenreichen Asphaltstraße ein Fußweg ab, Steine, grasüberwachsen, es geht zwischen kahlen Kastanien und Nußbäumen ziemlich steil abwärts durch ehemalige Terrassengärten und Weinpflanzungen. Es ist alles verwildert und zugewuchert. Die Dörfer sterben aus.

Man muß dann unten noch ein Stück auf der Hauptstraße entlang, ehe man im Städtchen ist. Dort gibt es, gleich eingangs, auf der linken Seite einen modernen Selbstbedienungsladen. Er war fast leer. Die junge Frau an der Kasse strickte. Ich habe Milch gekauft und Salat und Zitronen. Ein paar Flaschen Wein wollte ich auch mitnehmen, um Buhls Vorräte zu schonen, aber dann war es mir ums Hinauftragen. Ich hatte auch kein besonderes Zutrauen zu dem, was ich da stehen sah. *Grignolino un po spumante, Lambrusco, Valpolicella* in Zweiliterflaschen, vor dem Valpolicella bin ich gewarnt worden. Die guten Piemonteser waren nicht vertreten, und sie allein dürften an Buhls apulischen Torre quarto herankommen.

Ich sah den Taxifahrer, der mich heraufgebracht hat. Er saß auf den Stufen des Kirchenportals und las eine Zeitung, *La Gazzetta dello Sport*. Er nickte mir zu, als er mich sah. Wären wir nicht zu weit voneinander entfernt gewesen, er hätte mich vermutlich gefragt, ob es mir noch nicht langweilig geworden sei da oben. Schreiben, einen Roman schreiben, das ist für die meisten Leute entweder etwas Geheimnisvolles, vor dem sie Respekt haben, oder Unsinn, eine Narretei, die sich nur leisten kann, wer sonst nichts Rechtes zu tun hat und auch nicht tun muß.

È scrittore, davvero? Und dazu ein zweifelnder Blick, der alles mögliche bedeuten mag. In der Straße, die zum See hinunterführt und sich fünfzig Meter vor dem Ufer in zwei steil abfallende Gassen gabelt, sah ich einen übervollen Mülleimer, in den man auch ein paar Bücher gestopft hatte. Es waren nur Taschenbücher, Kriminalromane mit schreienden Umschlägen, und doch versetzt es mir jedesmal einen Stich, wenn ich sehe, daß ausgelesene Bücher weggeworfen werden wie leere Heringsbüchsen. Es hätte nicht viel gefehlt, und ich hätte die Bücher aus dem Kübel gezogen und mitgenommen.

Was tue ich? Warten, bis es wieder aufreißt? Auf die Sonne warten? Ich weiß, daß mit der Sonne keine Inspiration kommt, eher Lust zum Spazierengehen. Ich mag die kleinen Wege, die hier auf halber Höhe an den Hängen entlang durchs Kastaniengehölz führen. Der Nebel schluckt die Zeit. Künstliches Licht bei Tag bringt den Rhythmus durcheinander; man weiß kaum, wann es Abend wird – etwa, wenn der Nebel dunkler wird? Er ist nicht hell und nicht dunkel, er ist weiß, soweit mein Lampenschein in ihn eindringt.

Ich stelle mir vor: ich sitze hier und schreibe einen Roman, er wird fertig, ich will ihn wegschicken, aber hinter der Tür hört die Welt auf, ich muß das Paket mit dem Manuskript in den Nebel hinauswerfen. Der schluckt es, aber liest er es?

Auch die wirklichen Leser bleiben Nebel, man sieht sie nicht und kennt sie nicht. Man erfährt höchstens, wieviele es ungefähr sind – nein, nicht einmal das: Käufer sind noch keine Leser. Da kauft einer ein Buch, fängt es an, es gefällt ihm nicht besonders, er legt es weg und stellt es später in den Schrank; er rührt es nie mehr an. Wieviel ungelesene Bücher stehen herum? Darüber möchte ich einmal statistische Zahlen wissen. Mit einem, der ein Buch von mir kauft und es dann ungelesen wegstellt, möchte ich einmal reden können. Nicht daß ich ihm gram wäre – wie oft mache ich es ebenso? Vermutlich liefe das Gespräch nur darauf hinaus, daß Bücher für den, der sie liest, zwar notwendig sind, aber nie das einzelne Buch, das ist ersetzbar durch ein anderes. Nichts, was ich je geschrieben habe, ist in irgendeiner Weise notwendig, außer vielleicht für mich. Wäre es nicht da, kein Mensch bemerkte überhaupt, daß etwas fehlte.

Nun ist nur noch ein winziger Schritt zum uralten wehleidigen Lamento: Wir sind allesamt Possenreißer, wir Skribenten, wir machen irgendwem irgendwas vor, und wenn uns niemand zuhört oder liest, immer noch uns selber. Den Tisch hier hat einer gemacht, der so aussieht wie Grinzinger. Der Tisch wird gebraucht. Dem Schreiner kann es gleich sein, wozu der Tisch dient, wenn er einmal fertig ist und bezahlt, ob auf dem Tisch gegessen wird oder geschrieben, oder ob er leer dasteht, bereit, verfügbar –

nein, möglicherweise ist das dem Schreiner nicht gleich. Ich könnte mir denken, daß es ihm leid täte um seinen Tisch, wüßte er, daß nur sinnloses Zeug darauf getrieben wird, dieses Aneinanderreihen von Wörtern, die niemand braucht, die niemandem fehlen. Der Tisch legt den Gedanken nahe: tu etwas Rechtes auf mir, etwas Nützliches, hör auf mit deinem Geschreib; niemand weiß von deiner Niederlage, wenn du jetzt aufhörst, darum ist es auch keine.

Nicht? Ich haue auf den Tisch vor Wut, das Weinglas hüpft und klirrt. Auch dazu ist ein Tisch gut. Unnütze Gedanken, die sich im Kreis drehen, ich kenne das doch, es ist alles wahr und auch nicht, ich habe es hundertmal wiedergekäut, es kommt nichts dabei heraus, bei mir nicht und nicht bei den andern, die von denselben Skrupeln geplagt werden. Wenn ich bedenke, wieviel Zeit diese Skrupel kosten! Das Zögern, Ändern, Verwerfen, Neuschreiben dürfte drei Viertel der Arbeitszeit für ein Buch ausmachen. Überall, wo ein Buch geschrieben wird, sitzt also einer und radiert, zerreißt, streicht durch, flickt ein; die Schriftsteller allenthalben im Lande sind eine Herde Ochsen, sämtlich mit Wiederkäuen beschäftigt, und säßen sie nicht zuhaus an ihrem Schreibtisch, sondern beisammen, man bräuchte eine gewaltige Wiese –

ich stoße mit dem Arm, ich schaffe Platz für die Wiese, und als hätte mein Gefuchtel etwas bewirkt, reißt es draußen auf, der Nebel treibt in Fetzen ab, tiefhängende Wolken waren's, der Himmel drüber ist klar. So leicht bin ich einzuwickeln, so rasch lasse ich mir den Verstand vernebeln. Ich werde nächstesmal aufpassen, wie das zugeht. Vielleicht ist es eine Föhndepression. Föhn, den richtigen Föhn, gibt es nur auf der Alpennordseite, aber einen Druckabfall nach Süden mit ähnlichen Wirkungen könnte ich mir gut vorstellen. Haben die Leute hier auch Kopfweh und Stimmungsschwankungen? Das würde zwar meine Fragen nicht beantworten, aber es hülfe mir, damit fertigzuwerden, daß die Fragen sich stellen.

Hinaus, hinaus bei solchem Wetter, hinunter nach Cannobio, einen Campari getrunken im Café beim Hafen, ich brauche Obst und Brot und habe Lust auf ein Schnitzel, *alla milanese*. Der Weg ist naß, ich hüpfe trotzdem über die Steine und bin sehr schnell drunten. Ich habe Schuhe, in denen es quatscht, ich setze mich zuerst ins Café gegenüber San Vittore. Man hat mich kommen sehen und über mich gesprochen, die beiden Taxifahrer sitzen auch da, eccolo, quel signore della torre. Ein paar ältere Männer mit schadhaften Zähnen, einer hat nur noch dunkle Stummel, lachen mich an, oder lachen sie mich aus? Sie bestreiten, daß es den Turm gibt, dieser Turm sei eine Legende, noch niemand habe ihn je gesehen. Warum sagt mein Taxifahrer nichts? Warum verteidigt er mich nicht, oder vielmehr den Turm, er kennt ihn doch, er hat mich hinaufgebracht und ihn mir sogar von hier unten gezeigt?

Ich sehe mich um: sie grinsen alle. Ein Spiel. Natürlich wissen sie, daß es den Turm gibt, es müssen genügend Handwerker aus Cannobio mitgewirkt haben bei seinem Bau, sie sind eine Zeitlang täglich hinaufgefahren, sie haben Geld dran verdient, außerdem sieht man ihn doch von hier, von hier wo ich sitze, es ist abgeholzt worden –

Schauen Sie doch hinauf! sage ich.

Ein kleiner Alter mit einer Schirmmütze auf dem kahlen

Schädel schiebt diese Mütze auf die Seite, kratzt sich, wo keine Haare sind, sagt: Ich brauche nicht hinaufzuschauen. Wozu hinaufschauen, wenn ich weiß, daß da kein Turm ist?

Nein, sage ich, Sie schauen nicht hinauf, weil Sie sonst zugeben müßten, daß er doch existiert.

Er läßt sich herbei, den Kopf zu heben, ganz langsam; er kostet es aus, er verbeißt sich das Lachen, und als er endlich den Blick auf den Monte Giove richtet, hat sich eine Wolke davor geschoben, die war vor ein paar Augenblicken noch nirgends zu sehen gewesen. Sie spielt mit. Die Männer lachen, als hätten sie genau gewußt, daß diese Wolke im rechten Moment kommen würde, sie sehen mich spöttisch an, fast ein wenig mitleidig, als hätte ich endgültig verloren, als sei ich ein für allemal entlarvt, widerlegt, ein Schwindler. Ich kann nur noch mitspielen, ich trinke meine Tasse aus, stehe auf und sage: Ja, dann will ich mal nachsehen, ob er noch da ist oder ob die Wolke ihn geschluckt hat. Wenn er fort ist, mein Turm, dann weiß ich nicht, wo ich heute nacht schlafen soll, dann komme ich wieder, meine Herren, dann dürfen Sie mir ein Bett bezahlen im Albergo, denn auch mein Geld ist dann fort, das haben Sie mir weggehext mit Ihrer Wolke.

Sie lachen, so mögen sie mich, und schon bin ich versucht, noch einmal den Hartnäckigen zu spielen, denn die Wolke ist wieder weg, aber ich verzichte, es wäre gegen die Spielregeln. Nachher am Ufer sehe ich im *Giorno* eine fette Überschrift: *Casa scomparsa*, ein Haus ist verschwunden. Der Boden hat sich aufgetan, in der Emilia, und hat es verschluckt. Hoffentlich hat Buhl auf Fels gebaut.

Grinzinger war wieder da. Diese merkwürdige Ruine schräg über Buhls Turm, eingewuchert hinter mächtigen Brombeerhecken, von der Straße aus kaum zu sehen – ich bin ein paarmal drin herumgestiegen und habe mich über den Vandalismus gewundert: Es ist alles herausgerissen worden, was irgend verwendbar sein mochte; den Rest hat man kaputtgeschlagen, ein paar Wandschränke, die Fenster, die Heizung, am Heizkessel sind sogar Spuren von einem Schneidbrenner. Warum? Wer? Grinzinger zuckt die Schultern. Junge Kerle, vielleicht vom Campingplatz drunten, vielleicht auch ein paar Halbstarke aus Sant'Agata. Es geschieht ihnen ja nichts. Brauchbare Sachen wie Möbel und sanitäre Einrichtungen haben wohl die Einheimischen sich geholt.

Edenrock hieß es, eine Nachtbar. Sie war sinnlos teuer, Großstadtpreise. Touristen kamen immer nur einmal, sie fühlten sich übers Ohr gehauen. Buhl, erzählt Grinzinger, ärgerte sich oft: Die Leute, des ewigen Badens satt, kamen hier herauf gewandert, sahen das Lokal mit der Terrasse auf den See hinaus, setzten sich, bewunderten die Aussicht, wurden von den unverschämten Preisen überrascht und schimpften, wieder hinunterwandernd, lauthals. Bei Buhl vorbei.

In Wirklichkeit diente das Edenrock anderen Zwecken. Nachts traf sich dort lichtscheues Volk aus Mailand. Der Besitzer hieß Baldini, er war Dorfschullehrer in Sant' Agata, ließ aber seine Frau unterrichten. Sie lachen? Danach kräht hierzulande kein Hahn. Wahrscheinlich machte sie es sogar besser als er; protestiert hat niemand. Sant'Agata: fünfzig Prozent Analphabeten. Ich habe mit einem zusammengearbeitet, als wir die Kabel verlegten hier, er unterschrieb immer mit einem Kreuz, wenn er seinen Lohn bekam.

Baldinis Schuppen war zwei Jahre lang heimlicher Umschlagplatz für Drogen, vor allem für Heroin. Dann schnappten sie die ganze Bande. Baldini sitzt jetzt im Gefängnis, in Novara. Die Frau ließ sich scheiden, zog weg nach Intra. Im Edenrock wurde eingebrochen, zuerst ein paarmal, dann immer wieder, und zuletzt kamen die Plünderer und holten alles, was noch wegzutragen war. Sogar die Fensterrahmen, Holz ist hier teuer. Seitdem modert die Ruine vor sich hin. Einmal soll ein Schweizer das Ganze gekauft haben; ob es stimmt, weiß ich nicht. Der Platz wäre schön, man sieht weit von der Dachterrasse, aber inzwischen ist das Gebäude in einem Zustand, daß man es abreißen müßte, wenn man dort bauen wollte.

Warum erzählen Sie mir das?

Nur so. Sie haben den Kasten ja vor der Nase und sind auch schon drin gewesen. Übrigens – Buhl hätte ihn fast gekauft.

Buhl?

Er überlegte, ob er ihn ausbauen lassen könne, zu einer Art Festung, eine ganze Burg statt nur eines Turms, aber davon ist er wieder abgekommen, nicht nur der hohen Kosten wegen. Ich hätte den Turm noch dazubauen lassen müssen, sagte er, die Räume sind alle viereckig, kein einziger rund, keiner.

Soweit Grinzinger, der diesmal weniger erzählt. Nach der Edenrock-Geschichte schweigt er vor sich hin. Wir trinken. Er verabschiedet sich spät, fast mürrisch, und entschuldigt sich: er habe Kopfweh. Ich glaube, er wollte mir noch etwas sagen und hat es dann für sich behalten.

Was hätte Buhl mit den vielen Zimmern angefangen? Schwer, sich vorzustellen, daß er solche Pläne hatte. Aber er entgleitet mir ohnehin.

11

Erneut Anläufe zu meinem Roman. Erneut vergeblich. Ich blättere in Buhls Büchern herum. Canetti: *Die eigentliche Versuchung des denkenden Menschen ist die zu verstummen.* Verstummen, zuerst vor anderen, sich nicht mehr mitteilen. Dann vor sich selbst. Keinen Gedanken mehr notieren. Wozu? Heißt aufschreiben nicht: sich wichtig nehmen? (*Wichtig*; nicht: *ernst*).

Der nächste Schritt: keinen Gedanken mehr zu Ende denken. Ihn nicht mehr fertigformulieren. Wozu der Aufwand? Warum feilen an Selbstgesprächen? Warum Selbstgespräche halten?

Das wäre das Ende. Schon vor anderen verstummen heißt ja auf die Geburtshilfe verzichten, die sie leisten, wenn sie zuhören. Ich weiß noch, welche Entdeckung es für mich war, als ich begriff: nicht daß mir jemand widerspricht, ist wichtig, sondern daß ich mit Widerspruch rechnen muß. Darauf stelle ich mich ein, wappne mich gegen mögliche Einwände, die ich schon kenne; ich kenne sie alle, kenne mehr, als meine Gesprächspartner je fänden, aber eben darum will ich sie auch vor mir selbst abtun, beiseitewischen, wenn ich allein bin. Ich bin der Baumeister eines Hauses, dessen schwache Stellen mir und nur mir bekannt sind. Müßte ich nicht fürchten, es käme jemand und klopfte die Wände ab, ich würde die zugegipsten Löcher einfach übertünchen.

Ein vorgestellter Partner ist der beste. Dabei entwickeln sich die Gedanken, wie sie es nie täten, wäre ich allein, aber auch weit besser, als wenn ich tatsächlich ein Gegenüber hätte, das die Unterhaltung womöglich auf Geleise zöge, die vom Eigentlichen wegführten. Nun ist ein vorgestellter Partner aber in Wirklichkeit keiner, er existiert nicht, und deshalb wäre der Idealpartner einer, der zwar da wäre, aber schwiege und doch wüßte, worüber ich mit ihm spräche: einer, den ich ernst nehmen müßte, täte er den Mund auf, der das aber nie tut und doch den Eindruck macht, er täte es, sobald ich eine Dummheit sagte, ihn mit Übertünchungen zu täuschen suchte, nicht auf die Einwände eingänge, die er vorbrächte, spräche er.

Ich bin nicht ganz aufrichtig. Aber das macht nichts. Das Alleinsein braucht seine Verfälschungen. Man spielt immer eine Rolle. Schaut niemand zu, probt man für den Ernstfall oder schaut sich selber zu. Ich sprach einmal mit einem Konzertpianisten, letzte Woche in Ascona. Er saß im Café neben mir und bat mich um die Zeitung; daraus wurde dann eine fast dreistündige Unterhaltung. Die Leute, sagte er, behaupten immer, ich spielte besser in einem vollen Saal, doch das stimmt nicht. Man sagt, Funkaufnahmen im leeren Studio klängen kälter. Mag sein. Aber sie klingen auch klarer, reiner, auf kühle Weise genauer, sie machen die Mathematik in der Musik sichtbar. Ich höre mich dann selber, während ich spiele – im vollen Saal versuche ich mir vorzustellen, wie die Leute mich hören, und höre nichts. Bei Studioaufnahmen habe ich manchmal Lust, überhaupt nicht zu spielen, nur zuzuhören. Es ginge weiter, wenn ich die Hände von den Tasten nähme; ich habe die Musik im Kopf.

Er sah mich an, als zweifle er, ob ich ihn verstehen könne, er trommelte mit den Fingern aufs Tablett und fragte: Und Sie? Was machen Sie?

Ich schwieg. Als ich wieder zuhause war – Buhls Turm ist mein Zuhause – versuchte ich erst gar nicht, mich zum Schreiben aufzufordern. Auch ich habe meinen Roman im Kopf. Da ruht er gut. Was sollen die andern damit? Leser sind immer Mißversteher, Canetti hat auf fatale Weise recht.

Früher habe ich manchmal nicht geschrieben, obwohl ich gekonnt hätte: ich war zu faul. Jetzt würde ich mich in die Arbeit stürzen, wenn ich arbeiten könnte; Arbeit als Flucht, als Therapie, als Privattheater? Orchesterloge.

Der Nebel.

Eingeschneit sein im Gebirge ist anders. Man ist von der Welt abgeschnitten, spürt den Zwang und wartet ohnmächtig auf Tauwetter. Oder unterm Regen sitzen am Meer, Wasser überall, oben und unten und dazwischen, und der Regen hört nicht auf – aber dahinter geht es weiter, Raum, Zeit; die Möglichkeit auszureißen genügt: du setzt dich ins Auto, fährst weg, während du hinter den nassen Scheiben trocken bleibst, du bist kurz vor Valence, das Rhônetal hinunter wird's immer heller, die Wolken nurmehr ein Dunst, nach Valence blauer Himmel, die Sonne ist herausgekommen, oder sie ist plötzlich da in Airolo, wenn der Zug den Gotthardtunnel verläßt.

Hier der Nebel: zuerst steigt er nur an den Beinen hoch, feucht, eine Empfindung: das ist endgültig, dahinter hört die Welt auf. Zwei oder drei Tage genügen ihr, sich davonzumachen, und wenn dann der Nebel weicht, ist nichts mehr da. Das Abbröckeln hat schon begonnen. Lauf ein paar Meter ins Weiße, da fällst du vielleicht über den Rand.

Vormittags oder wenn ich Geschirr gespült habe, kommt flugs der Verstand dazwischen und sagt: das ist falsch, das weißt du, natürlich haut die Welt nicht ab, probier's doch aus. Das Gefühl gibt dem Verstand fast immer recht. Manchmal nicht – dann werfe ich einen Stein und höre keinen Aufschlag. Ganz weich verschwindet er in der flockigen Luft, wird geschluckt, fällt in Watte, fällt über den Rand der Welt hinaus und kommt nirgendwo an. Das ist schlimm, dieser Sturz ins Ortlose; deshalb pfeife ich den Stein zurück und lege ihn wieder auf den Boden, ich werfe ihn nicht, der nichtgeworfene Stein schlägt auch nirgends auf – wozu also ihn werfen? Bleib da, Stein, ich werde noch froh an dir sein, irgendwann nämlich werf ich dich doch.

Ich kenne Leute, die dicken Nebel mögen, sich darin wohlfühlen wie in einer Stube mit zugezogenen weißen Gardinen, geborgen, oder wie im Kinderbett, fest eingepackt in die weißen Kissen. Das müssen heitere Naturen sein, oder verzweifelte, denen das Ende zupaß käme. Aber sie freuen sich umsonst, das Ende kommt nicht, es entwischt wieder, ein Sturm fegt die ganze Verpackung weg und gibt den Blick frei: für mich hinunter auf den grauschwarzen See, von dem ich nichts zu hoffen habe für meine Gefühle. Er sieht kalt aus.

Mir ist unterm schrecklichsten Gewitter wohler, das Krachen ist ohnehin nur Theaterdonner und kommt zu spät. Außerdem dauert so ein Gewitter nie lang; das ballt sich zusammen wie die Stretta beim Feuerwerk, dann beruhigt es sich wie ein Kind, das sich heiser geschrien hat. Aber Nebel – kann sein, Buhl kam bei Nebel auf den Gedanken, daß er sich hier verlorengehen könne in diesem Turm, im Nebel, daß es vielleicht auf einmal aus sei mit ihm. Vielleicht dachte er daran, wie bedeutungslos so ein Verschwinden wäre, wie bedeutungslos also auch er selbst, und mußte fliehen: nicht vor der Bedeutungslosigkeit, aber doch vor dem Nebel, der sie ihm zum Bewußtsein gebracht hatte.

Ich gehe von mir aus, von meinen möglichen Reaktionen. Ich weiß nicht, wie lange ich diesen Nebel aushalten werde. Er bräuchte mich gar nicht zu stören, im Gegenteil: ich könnte mich schön nach innen wenden, mich konzentrieren, aber es gelingt nicht. Wäre draußen herrliches Wetter, ich säße in aller Ruhe da und fühlte mich wohl, aber jetzt wünsche ich mir, es käme jemand, Grinzinger, der Postbote oder sonst ein Bote, meinetwegen auch ein Nebelweib, zum Fenster herein – wer auch immer: ich brächte ihn schon zum Sprechen.

12

Der Gedanke, meinen Roman vorläufig aufzugeben und stattdessen dies hier niederzuschreiben, kam nicht von ungefähr. Ich habe nämlich eine Entdeckung gemacht: ich kann Buhl herzitieren. Das geht so zu: spätabends, wenn das Kaminfeuer heruntergebrannt ist und nur noch die stille Glut das Zimmer schwach erhellt, konzentriere ich mich ganz auf Buhl; ich senke den Kopf und stelle mir vor, Buhl sitze an seinem Schreibtisch, und wenn ich dann den Kopf hebe und hinschaue, ist er da. Ich will gar nicht wissen, was für eine Art von Präsenz das ist, ob es sich um einen Wachtraum handelt oder um was auch immer – mir genügt, daß Buhl spricht, daß er meine Fragen beantwortet, wenigstens manchmal, und mir Dinge sagt, die ich nicht weiß und ihm, dem herzitierten Buhl, auch nicht in den Mund legen könnte. Unheimlich ist das nicht; nur einmal war mir ein wenig beklommen zumute; ich hatte eine ganze Flasche Gattinara getrunken und dachte daran, daß man wohl eher Verstorbene auf diese Weise beschwört. Ich sagte es Buhl sofort, denn mir war, er errate meine Gedanken ohnehin. Nein, lächelte er, ich bin nicht tot. Ebensogut könntest du behaupten, nur sehr vertraute Menschen kämen so, wie ich komme, wenn man sie ruft. Nun sind wir aber nur flüchtig miteinander bekannt oder wenig mehr.
 Da hatte er recht. Ich bin dem wirklichen Buhl nur zweimal begegnet, jeweils auf Tagungen des Schriftstellerverbandes.

Das war freilich fast mehr als Zufall, ich gehe ungern auf solche Tagungen: Schriftsteller sind Monomanen, es kommt nichts dabei heraus, wenn sie sich versammeln. Auch Buhl, so stellte sich heraus, war wider Willen anwesend und nur diese beiden Male.

Beim erstenmal hatten wir keine Zeit füreinander; wir sahen einander nur an, als unsere Namen aufgerufen wurden, und dachten wohl beide dasselbe: Ach, das ist er also.

Wahrscheinlich war es uns beiden auch recht, denn worüber hätten Elses erster und zweiter Mann miteinander reden sollen, wenn nicht über Else? Jeder Versuch, dieses einzige Thema, das uns beide interessieren konnte, zu vermeiden, hätte sich krampfhaft komisch ausgenommen. Nachts, im Hotelzimmer, Tür an Tür mit Buhl überdies, der Zufall hatte es so gewollt, versuchte ich mir vorzustellen, Buhl komme im Schlafanzug zu mir, oder ich ginge zu ihm hinüber, und wir begännen über Else zu sprechen. Gegenseitige Versicherungen: so, tut sie das immer noch? Und die Zahnpastatuben, schraubt sie die immer noch nicht zu?

Ich schüttelte mich. Doch alles, was über derlei Albernheiten hinausgegangen wäre, hätte nur umso peinlicher sein müssen, es sei denn, auch ich hätte mich von Else getrennt gehabt und wir hätten gemeinsam versucht, hinter die Gründe für dieses zweimalige Scheitern zu kommen. Aber damals war ich erst kurz verheiratet, und auch jetzt habe ich mich ja nicht endgültig von Else getrennt, sondern nur für eine Zeit, damit ich diesen Roman schreiben kann, den ich jetzt noch nicht schreibe, und damit ich mir klar werde, wie es zwischen uns weitergehen soll.

Die zweite Begegnung mit Buhl fand erst drei Jahre später statt. Inzwischen hatten wir Briefe gewechselt, auch einmal telefoniert und vereinbart, daß wir uns zusammensetzen und ein paar praktische Fragen klären wollten. Buhl besaß noch Anteile an Elses Vermögen. Wir überboten uns in Zuvorkommenheit und einigten uns über die Abwicklung so rasch, daß wir mit einemmal dasaßen und nicht mehr wußten, worüber wir sprechen sollten. Buhl, geschickter als ich, begann von Berufsproblemen zu reden, von der zunehmenden Schwierigkeit, Manuskripte an den Mann zu bringen, vom Ärger mit Lektoren und Verlegern, von der unglaublichen Zunahme der Druckfehler im Lichtsatz, und als wir sehr spät auseinandergingen, hatte er mir nicht nur seinen Turm angeboten – falls er einmal davon genug haben würde – sondern wir fanden uns auch ganz sympathisch, duzten einander und lächelten insgeheim darüber, was für zwei einander ähnliche Männer Else geheiratet hatte. Ob die Ähnlichkeit so weit gehen könne, daß auch ich nicht immer bei Else bleiben würde, fragte ich mich damals nicht. Buhl erzählte mir dann über eine Stunde lang von seinem im Entstehen begriffenen Roman. Solche Kollegengespräche sind selten ergiebig, weil sich jeder im Grunde nur für seinen eigenen Kram interessiert und sich in den des andern weder hineinversetzen kann noch will, aber Buhls Bericht war so merkwürdig, daß ich aufmerksam zuhörte. Mein Roman, sagte Buhl, soll *Der Konjunktiv* heißen. Er wird keinen einzigen Satz im Indikativ enthalten und in drei große Abschnitte gegliedert sein: Indirekte Rede, Konditionalis und Irrealis. Ich beschreibe darin, wie ein Lehrer, der den Konjunktiv durchnimmt, sich in diese Materie dermaßen vergräbt, daß er nicht mehr herausfindet. Zuerst versuchen seine Kollegen und der Direktor, ihm zu helfen. Diese Gespräche, die er seiner Freundin wiedererzählt, stehen in der indirekten Rede. Dann werden ihm Bedingungen gestellt, das sind die Konditionen: Sollten Sie sich nicht bald entschließen, mit diesem Konjunktiv ein Ende zu machen, so müßten wir leider – undsofort. Der Lehrer lehnt ab, er wird gefeuert und lebt fortan nur noch im Konjunktiv und für den Konjunktiv, er möchte die Welt zum Konjunktiv bekehren und sieht sie nicht mehr, wie sie ist, sondern so, wie sie sein könnte: irreal. Was mich daran reizt, ist außer dem Gegenstand die Chance, daß sich Form und Inhalt einmal völlig decken werden – von dieser totalen Übereinstimmung können wir sonst nur träumen. Grammatik als Stil und sogar als Fabel. Wenn mir das glückt, dann werde ich mit dem Schreiben aufhören, denn etwas ähnlich Vollkommenes werde ich nie mehr zustandebringen.

Soweit Buhl.

Ich weiß noch, wie ich ihm widersprach. Die Idee, sagte ich, ist bestechend, aber glaub mir: das geht nicht. Stell dir nur drei, vier Seiten im Konjunktiv vor – die Form wird dir Inhalte aufzwingen, die du nie beabsichtigt hast; du wirst dich immer wieder dabei ertappen, wie du Indikativ schreiben willst und mühsam umformen mußt. Und selbst wenn es ginge – wär's nicht bald ungeheuer ermüdend, für dich und auch für den Leser?

Später, vorm Einschlafen, war ich von meinen Argumenten nicht mehr so überzeugt; ich hatte es in Gedanken ausprobiert, hatte selbst ein paar Seiten im Konjunktiv formuliert und festgestellt: zumindest in der indirekten Rede ging das ganz gut. Ich begann sogar, Buhl zu bewundern und zu beneiden. Auch wenn er scheiterte, war seine Idee gut: darauf mußte man erst einmal kommen. Ich hatte noch Buhls Antwort im Ohr, die mir nun einleuchtete: Den Teufel werd ich mich drum scheren, ob das jemand liest oder nicht; freilich liest's keiner von denen, die dem Konjunktiv ohnehin ständig ausweichen, und das sind die meisten, sie schauen dich schon ganz damisch an, wenn du einen benützt. Sag mal in Gesellschaft: wenn der Zug *führe* statt *fahren würde* – wie sie da grinsen oder sich das Grinsen verbeißen! Und das sind nicht nur Analphabeten oder *Bild*-Leser. Ich habe mich mit meinem letzten Verlag zerstritten, weil der Lektor, dieser Trottel, mir meine Konjunktive hinausverbessern wollte und behauptete, ich schriebe antiquiert. So weit sind wir schon, daß Ignoranz und Unvermögen sich frech zur Norm erheben, und das erst hat mich draufgebracht, darüber einen Roman zu schreiben – du wirst mir nichts dir nichts in die Rolle eines Spinners gedrängt, der die Zeichen der Zeit nicht erkennt. Ich lasse meinen Lehrer da weiter gehen als ich selbst je gegangen wäre, und natürlich muß er scheitern, er ist ein Konjunktiv-Kohlhaas, er verliert den Blick für den Indikativ und glaubt, alles in der Welt müsse möglich sein, weil's die Sprache erlaubt.

Das verstehe ich nicht ganz, sagte ich. Warum gibst du deinem Lehrer zum Schluß doch unrecht?

Darauf Buhl: Du hast mich nicht verstanden. Ich gebe ihm recht.

13

Heute frage ich mich, warum mir nicht schon damals auffiel, was ich doch hätte sehen müssen: dieser Buhl war ein ganz anderer als der, den ich aus Elses allerdings spärlichem Erzählen zu kennen glaubte. Buhl, wiederholte Else, so oft auf ihn die Rede kam, war weich, immer zögernd, immer zum Nachgeben bereit, ein Zweifler, der sich nie entschließen konnte.

Vielleicht übertreibe ich, wahrscheinlich hat Else nicht diese Wörter gebraucht, zumindest nicht in solcher Häufung, aber ich weiß, warum ich übertreibe: leicht abgeschwächt trifft das alles auch auf mich zu. Meint Else. Wenn sie so von Buhl redet, meint sie mich, das weiß sie, und sie weiß, daß ich es weiß.

Was Buhl angeht, muß sie sich getäuscht haben, oder Buhl hat sich geändert, denn er hat sehr wohl Entschlüsse gefaßt und sie auch ausgeführt: er hat sich von Else getrennt (um ihr zu beweisen, daß er's konnte?) und seinen Turm gebaut.

Der Turm – man weiß, was das bedeutet, der Schriftsteller und sein Turm, auch wenn der Türmer selbst es oft nicht zu wissen scheint. Kann sein, er tut nur so, als wisse er's nicht, oder als habe er's vorübergehend vergessen. Denn wüßte er's immer, woher nähme er dann noch den Mut, einen Turm zu bauen? Sogar die Idee zum Turm stammt aus Büchern, ist schon hundertmal gedacht worden, beschrieben, ausgeführt, es wimmelt in der Literatur von Türmen, elfenbeinernen und solchen aus weniger kostbarem Material. Türme sind eine ansteckende Schriftstellerkrankheit, eine banale. Daß Buhl sich seinen Turm gebaut und sich drin eingenistet hat – gut. Aber warum hat er sich von Else getrennt?

Darüber spricht sie ungern, und da ich keine anderen Gründe kenne und annehmen muß, Else hielte, wäre Buhl schuld, damit nicht hinterm Berg, glaube ich, daß Else schuld ist. Wahrscheinlich ist es nicht ganz so einfach, aber wie hilfreich sind doch die simplen Lösungen, wenn hinter den weniger simplen bloß das fruchtlose Hin und Her der Vorwürfe und Rechtfertigungsversuche steht, die Selbstzerfleischung.

Eine simple Lösung, was Else betrifft: ihre Fragen. Die haben mich schon manchmal aus dem Haus getrieben –

warum nicht auch Buhl, und endgültig? Else meint, man könne jede Mißstimmung, jeden Streit dadurch aus der Welt schaffen, daß man darüber redet und dem andern die richtigen Fragen stellt. Komm, laß uns der Sache auf den Grund gehen. Wir müssen die Ursachen ausräumen. Du hast es vielleicht gar nicht so gemeint, ich kenne dich doch. Gib dir Mühe.

Else hat kein Gefühl dafür, daß Meinungsverschiedenheiten nicht immer bloß Mißverständnisse sind. Ursachen, Gründe? Manchmal gibt es keine, die Sache ist grund- und bodenlos. Aber Else bohrt hartnäckig. Schweige ich, fängt sie von vorn an und versucht es mit anderen Formulierungen, in denen ich sogar das, was ich selbst gesagt haben soll, kaum wiedererkenne. Sie bohrt den letzten Schutzwall an, den jeder braucht, hinter den er sich zurückzieht, auch vor sich selbst, auch vor der Wahrheit. Else braucht solche Schutzzonen nicht. Sie redet alles an den Tag und entzwei. Da gibt es dann nur noch Flucht, einen langen Spaziergang, aber während ich die Schuhe anziehe, stellt sich Else vor die Tür: Geh nicht weg, du darfst jetzt nicht weggehen, das ist feige, wir müssen das jetzt ausräumen, sofort. Wenn du dazu nicht bereit bist, liebst du mich nicht so wie ich dich liebe, ich kann das nicht zwischen uns stehen lassen, mir tut das weh, und auch dir müßte es weh tun. Jetzt ist es vielleicht erst eine kleine Mauer, aber die müssen wir gemeinsam niederreißen, sonst wächst sie und wird riesengroß.

Ich gehe trotzdem.

Else war gut in Mathematik, ich nicht. Sie hat, scheint mir, ein mechanistisches Weltbild: gehen zwei Zahlen oder zwei Menschen, durcheinander dividiert, nicht auf, so muß man den Rest beseitigen, damit sie aufgehen. Was Else nicht sieht: der Rest, das bin ich.

Sie tut mir schon leid, wenn ich die Treppe hinuntersteige, aber ich kann ihr nicht helfen. Kehrte ich um, sie nähme es als Beweis dafür, daß ich mich zu ihrem Standpunkt bekehrt hätte: Siehst du, du hast es eingesehen, gut, jetzt werden wir alles in Ruhe besprechen.

Buhl habe sie einmal *Elsa von Brabant* genannt. Sie erwähnte es beiläufig, in anderem Zusammenhang; offenbar hatte sie es nicht verstanden; sie fragte mich sogar, ob sie Elsa von Brabant ähnlich sehe. Ist sie auch hellblond und dick wie ich? Ich stelle mir Buhl vor, wie er hofft, Else werde, kaum allein, neugierig nachschlagen, vielleicht zuerst im Lexikon, dann im Opernführer, wo die Kernsätze so schön kursiv hervorgehoben sind, und verstehen.

Er antwortet nicht gleich, und dann sagt er und schwindet dabei schon: Was Lohengrin betrifft, so gibt es einen alten Sängerwitz. *Wann geht der nächste Schwan?* Ich könnte ihn abwandeln: *Wann geht der nächste Lohengrin?*

Solch üble Scherze macht Buhl, aber ehe ich ihm weitere Fragen stellen kann, ist er fort. Im Kamin glüht es schwach aus der Asche. Ich muß die Flasche schütteln, weil ich nicht sehe, ob noch etwas drin ist. Sie ist leer.

14

Vielleicht würde aus meinem Roman noch etwas, wenn ich in einer Kugel säße. Der vollkommene Raum. Zum Schreiben zwar nicht sehr praktisch, ich müßte einen waagrechten Boden einziehen, um den Schreibtisch darauf zu stellen und den Stuhl, und damit wäre die Kugelidee schon zerstört – aber nein, da lob ich mir doch mein rundes Turmzimmer, immerhin sitze ich auch hier mitten in einem Kreis. Wenn es also an den Bedingungen läge...

Das neue Jerusalem, meine lieben Christen, beschreibt uns der Evangelist Johannes in seiner Geheimen Offenbarung als einen Würfel aus Glas und Gold. Warum einen Würfel? Damit wollte er ausdrücken, wie vollkommen das Paradies sei, das himmlische Jerusalem, die Stadt, in der wir leben werden im Jenseits. Eine Kugelstadt können wir uns nicht vorstellen, deshalb wählte Johannes den nach der Kugel vollkommensten Körper: den Kubus. Damit, meine lieben Christen, haben wir keine Mühe, zumal heute im Zeitalter der Wolkenkratzer.

Die Sonntagspredigt im Radio, ein Theologieprofessor aus Tübingen. Daß der Autor der Offenbarung vielleicht doch nicht derselbe Johannes war wie der Evangelist, vergißt er nicht anzumerken, soviel dürfen wir heute sagen, meine lieben Christen, ohne deswegen gleich das Neue Testament zu entmythologisieren.

O Jerusalem, so lang wie breit und hoch, geh mir doch mit deinen Edelsteinen, ich male mir meine Utopien selber aus, weniger aufwendige, auf Erden erreichbare. Den Turm. Warum bin ich noch nie draufgekommen, daß der Turm ein Phallus ist, gen Himmel gerichtet? Soll aus meinem Roman noch etwas werden, dann muß sich die Muse mit ihrem Schoß auf diesen Phallus herablassen, muß ihm, dem am Erdboden festgewachsenen, weich entgegenkommen, und das tut sie auch schon wie gerufen, Fransen weißen Schamhaars streifen am Fenster entlang abwärts, Nebelfetzen, die Muse ist eine Riesenwolke, ich hab's längst gewußt.

Ein Blick hinaus in die treibenden Schwaden, die dichter werden. So muß Buhl oft gesessen und hinausgeschaut haben in das Weiß, dieses Weiß, an dem jede Beschreibung versagt.

Im Nebel muß gut sterben sein. Sanfter legt sich kein Leintuch auf dich, wenn es zu Ende geht, als dieser weiße Schleier, der leicht ist, unendlich leicht. Du tauchst ein, du wirst zugedeckt mit Vergessen.

Da läutet Grinzinger. Nur er kann es sein. Er ist es auch und vertreibt meine Anwandlung mit fröhlicher Laune. Er hat ein Perlhuhn geschossen; stolz weist er's vor. Ob ich den Schuß gehört hätte?

Erstens, sage ich, ist noch Schonzeit, soviel ich weiß, und zweitens laufen solche Hühner hundert Meter weiter unten in Galottis Garten herum. Drittens aber müssen Sie mir erklären, wie Sie bei so dichtem Nebel ein Perlhuhn überhaupt sehen wollen; vom Erlegen will ich gar nicht reden.

Sie sollten mehr an die frische Luft und nicht schon am hellen Vormittag picheln, sagt der Vogeljäger. Schonzeit im Herbst? Wann hat man je solchen Unsinn gehört? Die Vögel sind keine Schriftsteller, sie brüten nur im Frühsommer etwas aus. Daß Sie Perlhühner und Truthennen nicht unterscheiden können, verzeihe ich Ihnen. Ich vermute, Sie könnten kaum Spatzen und Adler auseinanderhalten. Bedenklich wird es indessen bei Ihrer Behauptung, es sei neblig. Haben Sie den grünen oder den grauen Star oder sonst einen Vogel? An die frische Luft, und wenn das nicht hilft, dann zum Arzt mit Ihnen.

Hätte ich kein Auge aufs Wetter gehabt, Grinzinger müßte als Sonnenschein-Hokuspokus-Jongleur dastehen, aber es ist weiter nichts passiert als ein plötzlicher Umschwung. So rasch wie der Nebel eingefallen ist, so rasch hat er sich wieder verzogen. Weil ich nicht streiten mag, gehe ich ein paar Schritte mit Grinzinger, der nur gekommen ist, um mir zu sagen, von morgen an sei für eine Woche Streik, alle Läden hätten geschlossen, ich solle mich vorsehen. Gut. Milch,

Brot, Käse, Salat, vielleicht eine Salami und fünf Eier, wenn sie frisch sind. Die Mönche, sage ich, erfanden im Mittelalter den Kreuzgang. Der war für sie die Welt in der Welt, er ersetzte ihnen das Draußen. Lange Zeit habe ich dieses vollkommene Quadrat bewundert. Aber man kann dort nur auf und ab gehen und meditieren oder lesen; zum Schreiben müßte man sich einen Tisch in die Mitte stellen, aber da steht meist eine Statue, oder es gibt da einen Brunnen.

Und wenn's regnet? fragt Grinzinger.

Seien Sie nicht albern. Ich meine nur: noch besser ist so ein Turmzimmer. Kein toter Winkel weit und breit; vom Tisch aus ist es überall gleich weit hin, und es kommt alles von der Wand zurück und läuft auf den Mittelpunkt zu, man kann keinen noch so winzigen Gedanken beiseiteschieben, er ist gleich wieder da. Das zwingt zur Disziplin. Das kommt dem Werk zugute.

Großartig, sagt Grinzinger. Jetzt weiß ich endlich, warum Ihr Roman so flott vonstattengeht, wie Sie mir erst letzte Woche gestanden. Ja ja, das Ambiente! Ich rate Ihnen, eine Geschichte der größten Genies zu schreiben; bei Ihren biographischen Studien müssen Sie unweigerlich auf lauter Turmbewohner stoßen, die ganz großen Genies in runden Türmen, die gescheiterten und unausgereiften in viereckigen, wo man, wenn man in den Winkeln nachstöbert, die verlorengegangenen Ideen wird mit dem Besen zusammenkehren können. Ich frage mich überhaupt, warum zum Beispiel an diesem Berg nicht lauter Türmchen wachsen statt normaler Ferienhäuser und Villen. Wer möchte nicht genial sein, zumal wenn es nur davon abhängt, daß die vier Wände zu einer einzigen krummen werden? Warum zum Kuckuck hat Buhls Beispiel noch nicht Schule gemacht? Sehen Sie dieses Campeglio an mit seinen unmöglich verschachtelten alten Häusern.

Die vielen Winkel – lauter Massengräber für Ideen, die nicht wie ein Bumerang zurückkommen. Wir werden das ändern müssen, wir machen ein San Gimignano aus diesem Nest, eine Künstlerkolonie, lauter Dichter in Türmen. Wir werden der Menschheit zeigen, daß der Turm dem normalen Appartement turmhoch überlegen ist. Den Räumen, in denen wir leben, kommt eine bestimmte Rangordnung zu, die sich, da es Räume sind, räumlich ausdrücken muß. Wie absurd und peinlich, das Clo neben dem Wohnzimmer zu haben oder gar neben dem Arbeitszimmer. Die so verschiedenen Arten von Absonderungen, ich meine die geschissenen und die geschriebenen, gewissermaßen auf gleicher Stufe nebeneinander! Nein und nochmals nein. Es lebe Buhls Hierarchie der Räume. Ganz unten der Keller mit den Vorräten, den noch in jeder Hinsicht unverdauten, dem Rohmaterial, dem selbst der Scheiße untergeordneten, denn die ist ja immerhin schon ein Produkt des Schriftstellers. Dann im Erdgeschoß Waschraum, Bad, Clo. Darüber die Küche und der Tisch, der Kühlschrank. Im nächsten Stock das Schlafzimmer; es dient dem edelsten körperlichen Bedürfnis. Im Schlaf träumt man schon. Sie werden zugeben, daß der Höhenunterschied zu dem, was man auf dem Clo tut, diese zwei Stockwerke betragen muß, selbst wenn das unpraktisch erscheinen mag, vor allem nachts. Übrigens – Buhl hat manchmal zum Fenster hinausgeschifft. Es folgt das Wohnzimmer, der Raum für Freizeit, Faulenzen, Lesen, für jede geringere geistige Betätigung. Und schließlich, ganz oben in der Kuppel, denn ich hätte mir eine Kuppel gebaut, der Arbeitsraum, der Kopf des Turms als Raum für den Kopf des Türmers.

Grinzinger sieht mich an und versucht ernsthaft dreinzuschauen.

Diese Anordnung hat, nebenbei, unendliche Vorteile, an

die man zunächst nicht denkt. Ein Autor ist immer in Gefahr, zu verhocken. Mangel an körperlicher Bewegung ist auch fürs Gehirn nicht gut. Die ewige Treppensteigerei verhindert, daß die Muskeln erschlaffen, und fördert auch die Peristaltik. Buhl wußte das. Er stieg gern auf und ab. Jede einzelne Treppenstufe hat für mich Symbolwert, sagte er einmal; ich weiß immer, auf welcher Höhe ich gerade bin. An Tagen, die schlecht beginnen, wage ich mich gar nicht ins oberste Zimmer. Das wäre anmaßend.

Ich schenke Grinzinger vom Torre quarto nach, den wir wieder einmal trinken.

Vielleicht ist das alles sehr lustig, was Sie mir erzählen, sage ich, aber ich bin nicht in Stimmung. Ehe Sie kamen, habe ich sogar an den Tod gedacht.

Ach, das arme Perlhuhn! Sie haben mich also doch schießen hören. Nun – dann sollten Sie mir erst recht dankbar sein, wenn ich Sie aufheitere. Oder wollen Sie lieber beruhigt werden? Denn in einem Punkt kann ich Sie tatsächlich beruhigen: noch wohnen die meisten Leute lieber waagrecht als senkrecht. Stellen Sie sich vor, Buhls Idee setzte sich durch. In den Großstädten, wo kein Platz ist für lauter Privattürme, müßte man das Prinzip der vertikalen Appartements so verwirklichen, daß lauter Einzeltürme zu einem Wolkenkratzer zusammengebacken würden, wie ein Bündel klebriger Kerzen. Damit aber wäre die Turmidee verhunzt. In seinem Turm will man allein sein und nicht nebenan einen anderen Türmer oder gar deren viele treppauf treppab steigen haben. Und was vielleicht das schlimmste wäre – man müßte mehrere Türme übereinander pflanzen, denn das Empire State Building besteht ja nicht nur aus fünf oder sechs Stockwerken, und zu den oberen Türmen würde man nur durch einen Aufzug gelangen, aber da der Aufzug für das

Prinzip der Etagenwohnung ersonnen wurde, müßte es eine Art Querzug geben, so ein hauseigenes Bähnchen, das sich spiralig hinaufbewegte und auch hin und her fahren könnte. Freilich ließe sich kaum verhindern, daß sich die oberen Türmer im Bähnchen mit den unteren oder anderen oberen träfen, also nicht allein wären und damit auch keine rechten Türmer, es sei denn, man führte Benützungszeiten ein, jedem Türmer sein Viertelstündchen, an dem ihm der Querzug gehörte –

Geben Sie sich keine Mühe, unterbreche ich ihn, heute geht es nicht. Der Nebel ist schuld. Ich habe Kopfweh.

Nebel? Sehen Sie immer noch Nebel?

Aber inzwischen ist der Nebel tatsächlich wieder da; ich reiße das Fenster auf und zeige hinaus: Was ist das, wie nennen Sie dieses weiße Zeug?

Grinzinger lacht: Ich tue Ihnen den Gefallen nicht. Denn gesetzt, es wäre draußen wirklich neblig, dann wäre dies nur der Beweis dafür, daß Sie mit Ihrer Miesepetrigkeit sogar die Natur anstecken können. Und das darf einfach nicht sein. Lieber trinke ich die Flasche leer; ich kann Sie sowieso nicht gut vormittags allein trinken lassen.

Ich sehe, wie er sich abquält, noch etwas Humoriges zustandezubringen. Plötzlich fällt mir ein: Sind wir nicht vorhin fortgegangen? Waren wir nicht schon unterhalb von Campeglio? Wie kommt es, daß wir wieder hier sitzen?

Ja, sagt der Mann und nimmt sein Perlhuhn, das erinnert mich daran, daß ich gehen muß. Wäre aber, um Ihre Frage zu beantworten, unsere Unterhaltung ein Romankapitel, dann müßten wir feststellen: der Autor hat's halt vergessen. Es ist ihm einfach passiert. Da ich jedoch vorläufig noch keine Romanfigur bin, denn ob Sie nicht eine aus mir machen, davor bin ich, bei Ihrem Mangel an Einfällen, nicht sicher, müssen wir umgekehrt sein. Daß Sie es nicht gemerkt oder völlig vergessen haben, beweist, wie hingerissen Sie mir zuhörten. Ja, ich bin fast sicher, Sie schreiben alles auf, sobald ich fort bin.

Damit geht er und hat nicht einmal unrecht, bloß: ich komme nicht gleich dahinter, ich bin an seinem Satz *Wir müssen umgekehrt sein* hängengelieben. *Umgekehrt* wie was? Erst als ich unser Gespräch von Anfang an rekapituliere, begreife ich, daß Grinzinger ganz harmlos meinte: *Wir sind fortgegangen und waren schon unterhalb Campeglio, aber wir sind wohl wieder umgekehrt.*

So etwas Verrücktes!

Ich öffne das Fenster. Er ist noch zu sehen. He, Herr Grinzinger! Kommen Sie nochmal.

Ich erzähle ihm, auf wie merkwürdige Weise ich ihn mißverstanden habe.

Er sieht mich schräg an. Ich mache mich auf Vorwürfe gefaßt: Deshalb rufen Sie mich zurück? Aber er schaut ganz ernst drein.

Mit dem Umkehren und Wiederheimkehren, sagt er, ist es so eine Sache. Droben in Sant'Agata sitzt seit letztem Herbst ein neuer Pfarrer. Der alte, er war um die fünfzig, ist weder gestorben noch versetzt worden, er ist umgekehrt. Sie sollten sich ein Glas Barolo einschenken, von dem blauen Pio Cesare 1957, und mir auch, der paßt dazu überhaupt nicht, aber das brauchen wir jetzt. Ein Wein, so gut, daß einem davon schlecht wird. Also dieser Pfarrer hatte sich am Berg oberhalb des Dorfes ein winziges Haus gebaut, eigenhändig, eigentlich nur eine Holzhütte. Sie steht noch. Man kommt daran vorbei, wenn man den Wanderweg zum Monte Giove hinaufsteigt. *Näher mein Gott zu dir*, vielleicht, oder ertrug er bloß die Kommunisten nicht? Siebzig Prozent Kommunisten,

Sant'Agata. Wenn man als Pfarrer einen so schweren Stand hat, wird manches begreiflich. Er predigte nicht nur sonntags von der Kanzel, sondern auch von seinem Fenster aus am hellen Werktag, als er noch im Pfarrhaus wohnte. Vier oder fünf Kommunisten auf der Piazza, womöglich bocciaspielend direkt vor der Kirchentür, das hielt er nicht aus, und wenn sie lachten, schlug er das Fenster zu, wütend, und fing an, die Glocken zu läuten.

Er hat es dann aufgegeben und sich diese Hütte gebaut und kam nur noch herunter, wenn er geholt wurde oder in die Kirche mußte. Sonntags erzählte er den Leuten, daß er jetzt den Frieden gefunden habe in seiner selbstgewählten Einsamkeit. Wahrscheinlich hätte ich Mönch werden sollen, meine Brüder, ihr seid nicht schuld an meiner Ungeduld; ich bin es, der euch um Verzeihung bitten muß.

Dieser Berg, unterbreche ich Grinzinger, lockt er Eremiten an oder macht er seine Bewohner dazu? Noch so ein Turmbauer. Wie ist ihm sein Turm bekommen?

Das eben weiß man nicht. Der Pfarrer nämlich, der stieß eines Morgens im August seine Läden auf; er hatte nur ein Fenster in seiner Hütte, nach Osten, und als er den Kirchturm von Sant'Agata ins Auge fassen wollte und weiter hinunter die Bäume und das Edenrock und den See und das andere Ufer, stellte er fest, daß er das alles nur unscharf wahrnahm, nicht wie sonst, und wollte seine Brille holen, die auf dem Tisch liegen mußte, neben den Annalen des Bistums Novara, in denen er abends gern las.

Sie lag aber nicht auf dem Tisch, und verblüfft ertastete er, daß er sie schon aufhatte. Er wußte, er brauchte ab und zu eine neue, schärfere; seine Augen ließen nach. Aber so rasch, über Nacht? Das hatten sie noch nie getan.

Ich werde alt, dachte er, aber dann fiel ihm auf: in seiner

Hütte sah er alles scharf und klar. Nur draußen wollten sich keine rechten Linien einstellen. Dominus vobiscum, sagte er zu ein paar Fliegen, die am Rand seines leeren Weinglases entlangkrochen. Er hätte sie an jedem anderen Tag zu fangen und totzuschlagen versucht, ein Geschmeiß, fast so schlimm wie die Kommunisten und ebenso unnütz, aber diesmal war er ihnen dankbar für ihre haarfeinen Beine und scharfen Flügel, für die winzigen Facettenaugen: er sah sie.

Nur draußen –

zwar war das Wetter diesig, fast grau, wie es sonst nur im Winter zu sein pflegt, aber es lag nicht am Wetter. Als der Pfarrer vor die Tür trat, verschwammen die Umrisse vollends, oder vielmehr: sie fingen an, sich zu zersetzen, sich in unzählige winzige Bruchstücke aufzulösen, wie eine Scheibe aus Sicherheitsglas, die in tausend Splitter zerspringt, nur unendlich langsamer. Der Pfarrer wollte das Fenster aufreißen, aber er stand ja vor der Hütte. Draußen. Etwas geschah, was eigentlich nicht geschehen konnte. Die Bäume zerbröckelten mit der Luft, aber zusammen fiel nichts. Dem Pfarrer war es, als sähe er ein in Säure gelegtes Bild. Der Jüngste Tag, dachte er, oder meine Augen, dachte er, aber dann dachte er nichts mehr, sondern fing an zu laufen, bergab, so schnell er konnte. Er hielt den Blick auf den Weg gerichtet, hob ihn nicht, hob ihn erst, als er weit unten war, unterhalb vom Edenrock, froh, daß die Straße, über die er gesprungen war, nicht zerbröselte – da erst sah er auf, und es war alles da und scharf: winzig ein hellrotes Segel auf dem Lago, daneben ein paar Schlauchboote. Er stellte sich vor, daß die Leute nackt darin lägen und sich sonnten, das kam vor; der Amtsbruder aus San Bartolomä, der einen Feldstecher besaß, einen großkalibrigen vom Zoll, hatte es ihm erzählt.

Jetzt war keine Zeit zum Glockenläuten, keine zum Entwerfen einer Predigt über den Verfall der Welt. Die Welt war wieder heil und ganz. Sogar die Umrisse einer nackten Frau sind besser, als wenn da nur noch ein heller Fleck ist, der sich auflöst.

Ja, viel mehr ist nicht zu erzählen. Der Pfarrer lachte sich selber aus, er machte keinen Teufel verantwortlich für die Sinnestäuschung, der er zum Opfer gefallen sein mußte, er kehrte um.

Ja?

Ich sage Ihnen doch: er kehrte um. Seitdem ist er verschollen.

Grinzinger genießt seinen Schluß. Er steht auf, ich habe keinen Pio Cesare geöffnet, er winkt mir zu und geht.

Einen Augenblick lang will ich ihn auch diesmal zurückrufen: Wenn er verschollen ist, dein Pfarrer, woher hast du dann die ganze Geschichte? Aber ich lasse es. Grinzinger muß mit dieser Frage gerechnet haben. Soll er damit fertig werden, daß ich sie ihm nicht stelle, nicht stellen werde. Nein, das werde ich ganz gewiß nicht tun, sondern ihm erzählen, ich sei dem Pfarrer begegnet, jawohl, schon einigemal übrigens. Er pflegt auf einem Tatzelwurm zu reiten und hat eine nackte Frau hinter sich im Sattel. Er segnet nach links, sie segnet nach rechts, sie fliegen über Sant'Agata und rufen den versammelten Kommunisten zu: Dominus vobiscum! Heute ist schönes Wetter! Morgen auch!

15

Buhl hat sauber aufgeräumt, ehe er ging. Tat er's meinetwegen, oder war es das Großreinemachen vor dem langen Abschied? Denn ich kann mir nicht vorstellen, daß er ein Ordnungsfanatiker ist; das würde nicht ins Bild passen, in das Bild, das ich mir von Buhl zu machen versuche. Aber in dieses Bild paßt schon vieles nicht mehr hinein; bald werde ich mir ein neues Bild machen oder zugeben müssen: der ganze Buhl paßt nicht mehr hinein.

Am liebsten wäre mir gewesen, Buhl hätte alles liegen- und stehenlassen, wie er's gewohnt war, er hätte mein Hiersein nicht so wichtig genommen, daß er aufräumen zu müssen meinte. Dann könnte mich auch der Stapel schwarzer Hefte hinter der Schreibtischlampe nicht weiter behelligen. Sonst nämlich hat Buhl alles vom Tisch entfernt bis auf ein Marmeladeglas mit Bleistiften und Kugelschreibern und einem Pinsel zum Reinigen der Schreibmaschine; daneben gibt es noch eine Schale für Büroklammern, Radiergummis und ähnliches; sie ist scheußlich grün, so zwischen Spinat und Jade, die könnte Else ihm geschenkt haben. Else? Nein, damit tue ich ihr unrecht.

Die Hefte: Schulhefte, schwarz, mit bravem weißem Schild. Auf dem obersten steht in Buhls Handschrift, weitausschweifend und mit einer gewaltigen Unterlänge beim Sütterlin-z: *Notizen*. Das Wort ist eine Provokation. Notizen, das schreibt nur jemand auf ein Heft, der sonst nicht schreibt und zwei Hefte hat, eins für Ausgaben und eins für Notizen. In den Notizen stehen dann Kernsätze: *Staubsaugerbeutel bei Quelle billiger. An Tanta Klaras Geburtstag denken. Der Hibiskus braucht besonders viel Wasser.* Oder Kalendersprüche, durch Lebenserfahrung zu markigen Weis-

62

heiten gehärtete Banalitäten: *Allen Leuten rechtgetan ist eine Kunst, die niemand kann.* Und ein Ausrufezeichen.

Von der Art dürften Buhls Notizen schwerlich sein. Aber was zum Kuckuck hat er sich dann notiert, und warum hat er die Hefte liegenlassen? Entweder soll ich sie lesen, oder ich soll nicht. Wenn ich nicht soll, wollte Buhl mich ärgern, mich in Versuchung führen, hat womögliches Abfälliges, Spöttisches, mich Beschämendes auf die erste Seite geschrieben? Nein, weshalb sollte er? Über die Streiche, die Studenten ihren neugierigen Zimmerwirtinnen mit der Nachttischschublade spielen, ist er doch hinaus.

Sicher soll ich die Hefte lesen. Vorläufig widerstehe ich noch, rede mir ein, daß ich's nicht tun werde; die Hefte gehen mich nichts an, sage ich und glaub's auch oder tue so, als glaubte ich's. Solange ich die Hefte nicht geöffnet habe, weiß ich nicht, was sie enthalten. Dinge, die mich betreffen? Eine Geschichte seiner Ehe mit Else? Oder Aufzeichnungen zu einem Buch, ein Manuskript? Der Titel »Aufzeichnungen«, denn was heißt Notizen anderes, könnte auch ein Tagebuch bedeuten. Hat Buhl über den Nebel geschrieben? Nebel, das wäre ein brauchbarer Romantitel, aber den gibt es schon, *Niebla*, von Miguel de Unamuno.

Diese Hefte bewirken immerhin, daß ich nicht schreiben kann. Gestern habe ich mir eingebildet, es gehe vielleicht doch. Ich sah meinen Aufklärer vor mir; ich bin am Kaminfeuer eingeschlafen und von einem Knall erwacht, ich hatte Kastanien ins Feuer gelegt. Der Knall: der Erfinder der Guillotine wurde guillotiniert, und danach krachte die Guillotine mit Getöse in sich zusammen.

Die Neugier auf Buhls Hefte läßt mich nicht in Ruhe, und Ruhe ist die Vorbedingung zur Konzentration. Freilich, wenn es über mich kommt, sage ich mir, dann sind die Hefte wie vom Tisch gefegt, dann flutscht es, ich muß nur geduldig sein, man kann's nicht erzwingen. Und so weiter. Das sind nicht nur Selbsttäuschungen und Selbstbeschwichtigungen, es sind schon die reinsten Kalendersprüche. Notizen. *Gut Ding will Weile haben. Aller Anfang ist schwer.* Ich kenne viele, sie stehen auf den Abreißzetteln, die Else neben Terminen, Kochrezepten und unbezahlten Rechnungen überm Küchenherd hängen hat, auf eine Merktafel gespießt. Einmal habe ich mir ein Diktiergerät gekauft, um dem plötzlichen Ansturm von Einfällen und Formulierungen Herr zu werden, der, das bildete ich mir tatsächlich ein, mich von Zeit zu Zeit überkommen werde. In Wirklichkeit arbeite ich langsam und feile an jedem Satz endlos herum. Nein, nicht an jedem, aber meine dürftigen Einfälle sammle ich alle und verwende sie auch alle. Das Diktiergerät steht trotzdem immer bereit, ans Netz angeschlossen, mit eingelegtem Band, ein Knopfdruck genügt. Ich habe es jetzt auf dem Nachttisch. Vielleicht erwische ich einmal einen Traum, ehe er weg ist. Ich wache nachts oft auf. Manchmal weckt mich das Pfeifen der Siebenschläfer, manchmal ist es ein greller Lichtschein, der durchs Ostfenster kommt und über die Decke wandert. Der Zoll auf der anderen Seeseite. Gewöhnlich streicht der Strahl des Scheinwerfers nur hart über die Wasseroberfläche, stöbert nach Schmugglerbooten, aber in letzter Zeit sucht ein Beamter auch manchmal die Berghänge ab, mein Gargan. Was er sich davon verspricht, weiß ich nicht. Geschmuggelt wird freilich hier oben, doch kann man aus drei Kilometern Entfernung wohl kaum einen Menschen ausmachen, der nachts durchs Gelände schleicht und sich, vom Strahl erfaßt, still hält, und schon gar nicht, wenn er im Schutz der Kastanienwälder geht.

Vielleicht Einschüchterung. Die Verluste an Tabaksteuern

sollen beträchtlich sein. In der Zigarrenfabrik in Brissago arbeiten fast nur Italiener.

Abschweifungen. Die Hefte. Dieser quasi utopische Ort, ein Grenzturm zwischen weich zerknittertem Kastanienlaub. Buhls Notizen in Buhls Turm. Ich werde sie doch lesen. Lese ich sie nicht, dann habe ich gar nichts erreicht, komme mit meinem Roman nicht weiter und mit mir auch nicht. Vielleicht lösen die Hefte etwas, oder sie lösen etwas aus. Lektüre hat mich schon oft zum Schreiben angeregt. Selten übernehme ich das Vorgefundene, meist wird der Widerspruch in mir zum Zündfunken. Aber im Grund erhoffe ich mir von Buhls Heften nicht so sehr Hilfe für mein Vorhaben, sondern Erkenntnisse. Wenn drinstünde, warum er sich von Else getrennt hat, wüßte ich auch über mich mehr, wüßte womöglich, ob mein Hiersein schon der Anfang einer Trennung ist oder nur, wie wir vereinbart haben, ein Exerzitium, Gelegenheit zum Nachdenken, ein Versuch, herauszufinden, ob wir einander brauchen: ob, wie bald, wie sehr.

Aus Buhls Briefen an Else läßt sich nichts entnehmen. Er schreibt ihr noch gelegentlich. Es sind merkwürdig belanglose Sätze, Schönwetterphrasen; sie zeigt sie mir jedesmal, und ich vermute, er weiß es. Man könnte natürlich auf den Verdacht kommen, daß er ihr heimlich noch andere schreibt, weniger harmlose, postlagernd, aber diesen Verdacht, den ich mir leider einmal habe entschlüpfen lassen, obwohl ich gar nicht ernsthaft dran glaubte, zerstreute Else lachend: Nein, mein Lieber, dazu habe ich dich, ich brauche Buhl nicht mehr, du bist die zweite, korrigierte und vermehrte Auflage.

Jedenfalls ist Buhl mit Else nicht fertig. Sie behauptet das Gegenteil: seine Briefe, sagt sie, bewiesen es. Mir beweisen sie das nicht. Ich versuche mich in Buhl hineinzuversetzen und finde, ich an seiner Stelle schriebe nicht mehr.

Fertig – wie das klingt! Mit einem Roman kann man eines Tages fertig sein, man muß es sogar, denn sonst ändert man endlos dran herum und gibt ihn nie aus der Hand. Ich stelle mir vor, wie ein Maler sein Bild fertigmalt, wie er eines Tages beschließt: nun ist's gut. Ein Porträt seiner Frau. Ist er nun mit seiner Frau auch fertig, die doch weiterlebt und sich von ihrem Bild immer mehr entfernt? Und was macht erst ein Künstler mit seinem Selbstbildnis? Ich glaube, ich müßte es weit weg wissen oder verbrannt. Else pflegt zu sagen, sie habe es nicht nötig, mit Buhl auf irgendeine Weise fertig zu werden, er sei ja fort, und dadurch hätten sich die Probleme, die er ständig heraufbeschworen habe, von selbst gelöst: sie seien jetzt ebenso weit fort wie Buhl.

Was für Probleme?

Darauf gibt Else groteske Antworten. Buhl hat geraucht, du rauchst nicht. Oder: Buhl schnarchte manchmal. Ich konnte dann nicht schlafen, ich mochte ihn auch nicht wecken und ärgerte mich halbe Nächte lang, weil ich den Mut nicht fand, ihn zu rütteln oder auf die andere Seite zu wälzen, und lieber wach lag, auf dieses grobe Schnarchen horchend. Ich setzte mir Fristen: noch zwanzig Schnarcher, dann wecke ich ihn. Waren die zwanzig um, gab ich noch fünfzig zu, und so immer weiter. Einmal, das weiß ich noch, sagte ich mir, um mich selbst zu überlisten: dreiundvierzig Mal, aber dann ist endgültig Schluß! Ich war ganz stolz auf diesen Einfall mit der ungeraden Zahl, denn bei vierzig oder fünfzig wäre ich doch weitergegangen wie bisher immer, aber dreiundvierzig und nicht weiter – damit mußte es klappen. Buhl setzte bei dreiundvierzig einmal aus, drehte sich auf die andere Seite und schnarchte weiter. Es traf mich wie eine Ohrfeige.

Oder Else erwähnt: Buhl hielt sich nicht gut, er ging meist leicht vornübergebeugt, und bei Tisch hing er im Stuhl. Die ewige Schreibtischarbeit, davon hatte er sich einen krummen Rücken geholt. Paß auf, daß du nicht auch so wirst.

Ja, das ist alles Vorwand. Für eine Trennung muß es triftigere Gründe gegeben haben. Die Schnarchanekdote war wohl nur ein Ablenkungsmanöver, und ich weiß noch, wie ich fast mitgespielt hätte, mir auf die Schenkel gepatscht: Was, der Buhl, haha, wer hätte das von ihm gedacht! – nur aus Neugier, was mir Else, derart angefeuert, noch aufgetischt und wie lange sie gebraucht hätte, um zu merken, daß ich ihr nicht glaubte.

Über die triftigeren Gründe spricht sie nicht. Ganz zu Beginn, als wir uns erst kurz kannten, vereinbarten wir einmal: Dieses Thema ist tabu, daran wollen wir uns halten. Vor allem – keine Vergleiche.

Seither habe ich mich oft gefragt, ob Else gern schweigt. Ab und zu, so glaubte ich zu spüren, hätte sie darüber gesprochen. Sie hat einen leichten Hang zum Moralisieren, einen Kindergärtnerinnen-Ton. Sicher hätte sie mich ab und zu gern gelobt: Brav, das machst du besser als Buhl, um mich dann auch tadeln zu dürfen: Hierin erreichst du ihn nicht. Mir Buhl als Vorbild hinzustellen – natürlich war und ist Else klug genug, dies nicht zu tun. Aber hat sie die Überwindung nicht Kraft gekostet? Nimmt sie mir insgeheim ab und zu übel, daß sie nicht darf? In solchen Vertracktheiten des Gefühls sind Frauen Meister. Ich schreibe diesen Satz nieder, obwohl ich weiß, daß man ihn mir vorwerfen wird. Aber schließlich habe ich ähnliche Erfahrungen häufig genug machen müssen und könnte diesen Satz ohne sie gar nicht niederschreiben. Welcher Mann käme von selbst auf derlei Winkelzüge? Da müßte er schon Rilke heißen. In Rilkes Briefen steht solches Zeug.

Mit Buhl hat Else viel länger gelebt als bisher mit mir. Man kann dreizehn Jahre nicht ungeschehen machen, sie auch nicht einfach mit Schweigen zudecken. Aber unbefangen darüber reden können – wäre das der Beweis dafür, daß die Probleme von einst keine mehr sind? Ich vermute, es wäre eher der Beweis für die Macht der Selbsttäuschung. Für mich war Buhl bisher kein großes Problem, aber jetzt wird er's. Das hat mit Else sonderbarerweise kaum etwas zu tun. Übrigens muß sich das erst herausstellen, ob es mit ihr tatsächlich nichts zu tun hat – wer weiß, was in den Heften steht.

Eins vermute ich, ehe ich sie öffne: das Bild, das ich mir bisher von Buhl gemacht oder vielmehr nicht einmal gemacht habe, ist keins, ist kaum ein grober Umriß, in den selbst das, was ich inzwischen hier über Buhl erfahren habe, von Grinzinger und vom Turm, nicht passen muß. Buhls Buhl ist nicht länger Elses Buhl. Aber welcher Buhl dann, wessen Buhl dann? Ich muß mich vor Übereilung hüten, dieses Herumvermuten ist völlig sinnlos. Gefühle, keine Erkenntnisse. Daß es sich so verdichtet, ist mir zuwider. Statt daß der neue Buhl aus seinen Heften tritt, schiebt sich, wenn ich nicht aufpasse, ein anderer dazwischen, neblig, zäh, eine immer dickere Befürchtung: Buhl als Romanfigur.

Dann ade Utopie!

16

Erste Überraschung: Buhl spricht tatsächlich vom Nebel. Aber wie. Er muß ihn geradezu lieben. Er nennt ihn sein Leintuch, einmal seinen Seelentröster, ein andermal seine weiche Luftbraut; die reinste Barockmetaphorik. Und das ist die zweite Überraschung: die Notizen sind ganz offensichtlich privat, nicht für mich bestimmt, nicht im Hinblick auf irgendeinen anderen Leser als Buhl selbst kontrolliert oder stilisiert, und das ist nun auch zum zweitenmal ein neuer Buhl, denn so hat er weder mit Else noch mit mir gesprochen. Zügelt das Niederschreiben pathetische Gefühle, wenn man für Leser schreibt? Und kann man, sicher, daß das Geschriebene niemandem in die Hände fallen wird, diese Kontrolle umgehen und den amorphen Brei aufs Papier streichen? Buhl hat anscheinend geglaubt, daß man's kann. Er hat in den Brei kleine Löcher gebohrt, Inseln mit Leuchttürmen hineingepflanzt: da wird er wieder der Autor, der sich überlegt, was er sagt, und sich über seine Hemmunglosigkeit lustig macht. Merkwürdige Aufzeichnungen. Ich dürfte sie nicht lesen, aber Anstand, Diskretion, die anerzogenen Formen versagen vor meinem Bedürfnis, jetzt zu erfahren, wie es weitergehen soll. Die Hefte, das ist Buhl, das bin ich, ein Blick in einen Spiegel, wie ich bisher keinen hatte. Ich warte den Abend ab, ich rufe Buhl. Er kommt lange nicht. Ich röste Kastanien und trinke Buhls apulischen Wein. Schließlich kommt er doch. Deine Hefte, sage ich, du hast sie auf dem Tisch liegenlassen, ich lese sie jetzt.

Ach diese Hefte, das war verlorene Zeit, aber wenn du dir davon etwas versprichst –

mehr sagt er dazu nicht. Er sieht aus, als denke er an anderes. Vielleicht will er auch einfach nicht darüber sprechen. Er verblaßt bald wieder, und ich lese weiter.

Ich lese hastig, vieles überfliege ich nur, vorläufig. Ist denn überall Nebel? Daß der Nebel ihm die Sicht nahm, auf den See, sogar auf die Straße vorm Haus, das scheint ihn nicht gestört zu haben. Im Gegenteil, er sagt, der Nebel erleichtere ihm das Leben. Klein wird die Welt, schreibt Buhl, klein und

überschaubar, ich werde bequem mit ihr fertig. Der Nebel begrenzt, und Begrenzung ist, was ich brauche. Hinter dem Nebel hört mein Reich auf, in dem ich König bin, und ich wäre nicht einmal in meinem winzigen Reich König, ginge es dahinter weiter, für ein großes Reich wäre ich ein schlechter König. Das kleinere regiere ich ohne Untertanen, ganz allein. Mir ist lieber, ich kann mir ausdenken, wie es dahinter weiterginge, wenn es nicht weiterginge. Andere Möglichkeiten.
So Buhl.
Später kommen Stellen, bei deren Lektüre ich mich fast zum Voyeur werden fühle. Wäre die Welt hinterm Nebel zu Ende, schreibt er einmal unvermittelt, in ganz anderem Zusammenhang, dann bräuchte ich nicht an Else zu denken. Es gäbe sie nicht. Else hinterm Nebel, Schneewittchen hinter den sieben Bergen, in seinem gläsernen Sarg, aber sie hat keinen Prinzen, sie hat nur einen einzigen Zwerg.
Meint er damit mich?
Vom zweiten Heft an spricht er häufiger von Else. Er kürzt ihren Namen meist ab, schreibt nur ein *E*, aber eins mit überlangem Mittelstrich, den zieht er so lang wie der ausgeschriebene Name wäre. Es sieht aus, als wolle er Else auseinandersägen, in zwei Hälften, die Dame ohne Unterleib.
Von mir ist, soweit ich sehe, nicht mehr die Rede. Daß Else wieder geheiratet hat, stört ihn offenbar kaum. Oder redet er nicht darüber, weil es ihn stört? Er spricht auch nur von seiner Else, von der Else von damals, obwohl die Notizen aus der Zeit meiner Ehe stammen, nicht der seinen; er hat sie säuberlich datiert. Sie enden auch datiert. Wann war das? Vor zwei Monaten.
Nun ist das nicht weiter überraschend, daß er sich die Else

der Zeit nach seiner eigenen Ehe nirgends vorstellt, daß sie für ihn immer die ist, die sie war, daß er sie sich konserviert wie in einem Weckglas. Nein, nicht überraschend, aber verräterisch. Mag sein, ich bin ungerecht. Vielleicht hatte Buhl keine andere Möglichkeit. Was hätte ich an seiner Stelle getan? Im Grunde stört mich nicht, was er über Else schreibt, mich stört dieses Imperfekt, das ich nun auch bei ihm wiederfinde; sie haben sich alle beide gegenseitig in die Vergangenheit verpflanzt. Buhl *war*, Else *war*. Nur einmal glaube ich auf eine Ausnahme zu stoßen. Else *wäre*, steht da, aber nach einem Einschub geht es weiter *gewesen*. *Else wäre gewesen, wenn sie nicht. Hätte. Gehabt hätte.* Buhl nimmt es mit den Zeiten sehr genau, und auch mit dem Konjunktiv, das scheint tatsächlich ein Tick bei ihm zu sein. Wenn er von sich selbst spricht, stellt er tausenderlei Vermutungen an und wütet im Konjunktiv.

17

Buhl hat, was ihn beschäftigte, immer wieder in Geschichten auszudrücken versucht. Keine gute Methode, meine wär's nicht, aber ich mag seine Geschichten lieber als die langen, oft ermüdenden Passagen, wo er über sich und seine Lage nachdenkt. Die Hauptgestalt in Buhls Geschichten ist der Mann. So nennt er ihn. Namen hat der Mann keinen. Einmal hat Buhl eine solche Geschichte angefangen, kommt aber bald von der Handlung ab und sagt: ich bin es nicht selbst, nur halb, oder noch weniger, aber wieviel davon könnte ich eines Tages sein?

Keine gute Methode, oder vielleicht doch, gut für Buhl. In

seinen Geschichten beweist er mehr Klarsicht als in seinen Überlegungen. Falls er sie selbst verstanden hat – da bin ich nicht sicher. Manchmal scheint es, als habe er sich aus großer Ferne beobachtet, fast schon unbeteiligt.

Ich frage mich vor allem, wie weit Buhls Einsichten auf Buhl II. zutreffen, auf Buhls Nachfolger in diesem Turm, der ja so etwas wie ein Thron ist, hoch über Land und Ehe. Die Vorstellung, ich könnte dabei sein, Buhls Leben nocheinmal zu leben, irritiert mich immer öfter. Er hat es hinter sich gelassen, und ich stapfe in ausgetretenen Spuren und begehe dieselben Fehler. Nicht als ob ich meinte, sie müßten mir erspart bleiben – von anderer Leute Erfahrungen läßt sich die Seele sowieso nichts vormachen. Aber wenn ich da wirklich naiv einem, der weiter ist, hinterherlebe? Wir zwei Männer Elses, und auch Else selbst, wir sind alle drei allein, jeder auf seine und gleichzeitig auf des anderen Weise, als wären wir alle drei miteinander verheiratet.

Wahrscheinlich ist Else diejenige, die am meisten drunter zu leiden hat. Darüber möchte ich nicht nachdenken. Schuldgefühle helfen nie, wenn man sich über etwas klar werden will.

Eine von Buhls Geschichten.
Am Rand der Wüste ein Haus. Im Keller des Hauses der Mann. Er ist alt. Früher bewohnte er die oberen Räume, die nun schon seit Jahren leerstehen und samt allem, was darin ist, langsam verfallen. Als der Mann das Haus bauen ließ, war er reich und wollte alles so bequem und schön wie möglich haben. Wenn ich schon auf das Leben in den Städten verzichte, sagte er sich – hier unterbricht Buhl die Geschichte mit drei Wörtern, von denen die ersten zwei wieder durchgestrichen sind: *Optativ, Irrealis, Konditionalis* –

dann will ich doch in der Einsamkeit die Dinge nicht missen, die mir das Leben erst lebenswert machen. Um mich ihnen ausschließlich zu widmen, ziehe ich mich ja zurück.

Er kümmerte sich also zunächst um sein leibliches Wohl und ließ Vorräte ins Haus schaffen für sehr lange Zeit, lagerte sie so, daß er auf Jahre hinaus versorgt war, bestellte auch seinen Weinkeller gut und gab Auftrag, daß ihm aus dem nächsten Beduinendorf regelmäßig frische Nahrung gebracht werde: Obst, Milch, Fleisch; alles, was man nicht lange aufbewahren kann. Sodann ließ er die erlesensten Möbel und Kunstgegenstände, die er besaß, in sein Haus schaffen, dazu seine Bibliothek, die so groß war, daß er hundert Jahre hätte leben müssen, um sie auszulesen. Techniker installierten die modernsten Geräte, mit denen der Mann Musik hören konnte, und schlossen das Haus an ein weit entferntes elektrisches Netz an; allein diese Kabellegung kostete ein Vermögen.

So sorgte er für sein Wohl, und dann zog er ein und lebte ganz allein in dem Haus und verließ es nur noch zu kurzen Spaziergängen in die Wüste, abends, wenn der Sand rot glühte und der Wind sich gelegt hatte.

Buhl hat die Geschichte nicht zu Ende geschrieben; das macht sie für mich interessant. Ich finde nur noch ein paar Notizen für ihren Fortgang. Der Mann lebt jahrelang in seinem Haus, und die Veränderungen, die eintreten müssen, treten ein.

Das klingt, notiert Buhl, wie ein Satz von Stifter.

Buhl war anfangs wohl versucht, die Veränderungen auf äußere Bedingungen zu gründen: die Beduinen ziehen fort, der Mann muß um Datteln zu einer weit entfernten Oase pilgern. Der Weg an seinem Haus vorbei verödet; der Wind weht ihn zu. Eins nach dem andern fallen die technischen

Geräte aus; der Mann kann sie nicht reparieren. Die Wüste nagt am Haus. Eines Tages gibt es keinen Strom mehr.

Und so weiter.

Aber dann hat Buhl sich offenbar gefragt, ob er das alles braucht, damit sein Mann begreift: er kann nicht allein leben. Er lebt, wenn schon nicht mit andern, so doch immer von andern. Sein ganzer Besitz – lauter Dinge, die es nur gibt, weil sich mehrere zusammentaten, sie zu schaffen. Die Schicksalssinfonie am Rand der Wüste ist ein dummer Witz.

Warum verläßt der Mann den Ort seiner Irrtümer nicht und kehrt zurück in die Zivilisation? Weil das zuviel Kraft gekostet hätte, die der Mann nicht mehr aufbringt, oder weil Buhl selbst fortgegangen ist?

Nein, Buhl läßt ihn ein Bild malen. Der Mann steigt wieder hinauf in die oberen Räume, Leinwand und Farben finden sich, auch da hat er einst vorgesorgt. Der Mann malt die Wüste. Sie liegt vor seinen Fenstern, ohne jede Bodenerhebung, und geht auch, gleißend in der aufsteigenden Hitze, ohne Grenzlinie in den weißen Himmel über. Auf dem Bild wird nie etwas zu sehen sein. Das stört den Mann nicht. Die vielen weißen Punkte, die er nebeneinander auf die weiße Leinwand setzt, sind die Wüste. Da der Mann allerdings auch bei genauem Hinsehen nicht unterscheiden kann, wo die Leinwand noch leer und wo sie schon mit Wüste bedeckt ist, malt er an dem Bild immer und immerzu. Er will sichergehen, daß die Wüste ganz drauf ist.

Die Geschichte ist durchsichtig, fast zu durchsichtig, und ich frage mich, weshalb Buhl sie aufgeschrieben hat, und ob sie's für ihn etwa nicht war.

Ich habe keine Lust, den Nebel zu malen. Ich sitze behaglich inmitten meiner Idylle, ich habe Buhls Hefte weggelegt, ich trinke und höre ein Bläserquintett von Reicha.

Die Natur hilft mir, der Wind draußen treibt Nebelfetzen an den Fenstern vorbei, sie leuchten weiß auf in der Nachtschwärze, ich muß ein Kaminfeuer machen und Kastanien rösten und kann darauf warten, daß ab und zu eine explodiert: pflupp! Und ich rieche sie, sie duften; auch der Wein duftet.

Das Haus an der Wüste, im ersten Jahr.

Wetter jeder Art, wenn es sich nicht allzusehr aufdrängt, nur sich bemerkbar macht, so daß man es wahrnehmen, sich mit ihm beschäftigen muß, ist stets ein probates Mittel, Kümmernisse nach außen zu stülpen und sie so loszuwerden. Ich stelle mir vor, ich irrte im Nebel herum, sei ein Schmuggler in einem Boot auf dem See, naßgespritzt von den Wellen, im kalten Wachstuchzeug steckend, während ich hier sitze und mich an der Glut des apulischen Weins wärme. Der wärmt, die Kehle hinunter und die Magenwände entlang. *Cirillo Farrusi Produttore, Azienda Agricola, Cerignola, Puglia.* In Apulien steht auch ein Turm, er heißt *Castel del Monte*, den hat sich einer bauen lassen, der sich von den Menschen ab – und den Falken zuwandte – so las ich einmal, aber es wird falsch sein. Zu einfach. Die großen Lösungen – Leben ist nie großzügig, es nistet in den Winkeln und Falten, legt sich quer und schiebt und drückt alles ins Unreine. Hat Buhl an Friedrichs Castello gedacht, als er seinen Turm baute und sein Haus am Wüstenrand?

Ich lese weiter und finde eine Bemerkung, die mich stutzig macht: Else trinkt mit Buhl Wein. Das gefällt beiden. Buhl notiert Elses Entzücken, freut sich über ihre Kennerschaft, sie unterscheidet einen *Uhlbacher Götzenberg* von einem *Mettinger Lerchenberg*, der Mettinger ist rauher, er wächst an einem Hang gegenüber der Eßlinger Maschinenfabrik und bekommt viel Ruß ab.

Mit mir hat Else nie getrunken, höchstens einen Schluck zum Essen. Sie sagt immer, sie vertrage Wein nicht, und ich habe ihr geglaubt.

Hat sie mit Buhl getrunken, oder hat Buhl hier die Wahrheit eingerichtet? Denn das schreibt er gleich zu Beginn seiner Notizen: er werde sich die Wahrheit so einrichten, daß sie zu seinen Schlußfolgerungen passe, statt, wie sonst üblich, umgekehrt zu verfahren. Worauf wollte Buhl hinaus mit der weintrinkenden Else? Hat er Negative seiner Enttäuschungen gesammelt für die Trennung?

18

Grinzinger findet sich nicht ab mit Buhls Verschwinden. Manchmal ist er plötzlich da, steht schon mitten im Zimmer oder sitzt am Kamin, wenn ich aufsehe, fast als wolle er's Buhl nachtun, dem Buhl, den ich herbeirufen kann, und heute hatte ich sogar einen Augenblick lang den Eindruck, er sei lautlos zum offenen Fenster hereingekommen.

Wir trinken. Damit beginnen wir jetzt immer: Grinzinger entkorkt eine Flasche *Barolo* oder einen Chianti, wir wollen den *Torre quarto* schonen, der schon merklich weniger wird. Grinzinger erzählt mir, daß Buhl sich den Chianti einmal hat aufschwätzen lassen und ihn dann nicht trank, nachdem ihm jemand erklärte, er hätte den *Chianti classico* nehmen sollen mit dem *gallo nero* am Flaschenhals, das sei der bessere, einen *Antinori* oder *Frescobaldi*. Buhls Flaschen haben einen *putto*, das Zeichen für Anbaugebiete rund um die *classico*-Felder, der *putto*-Wein ist nicht ganz so gut. Buhl mochte ihn gar nicht. Ich lasse ihn alt werden, sagte er, vielleicht wird er besser. Grinzinger sieht mich an, als sei er Detektiv und ich Buhls Mörder.

Meinen Sie, ich habe ihn umgebracht, damit ich in Ruhe seinen Wein trinken kann? Mir schmeckt er übrigens auch nicht, der Chianti.

Grinzinger lacht, er verschluckt sich fast. Wir haben heute einen *Ricasoli* erwischt, sagte er, das sind die miesesten. Übrigens – vielleicht ist Buhl in sein Sägewerk gefahren.

In sein Sägewerk?

Ich kannte einmal einen Handelsvertreter, der kam auf einer Geschäftsreise mit dem Auto durch eine Schlucht im Schwarzwald. Sie weitete sich plötzlich, ein schattiger Talkessel, und da stand eine Sägemühle. Haben Sie einmal eine gesehen?

Ich? Nein. Doch, vielleicht.

Geschälte Stämme, doziert Grinzinger, zu Brettern zersägte Stämme in großen Stapeln, jeder Stapel haushoch, manche mit Dachpappe bedeckt. Ein paar bärtige junge Männer laufen herum, tragen Bretter, ein Kran schichtet neue Stapel auf. Der Mann fuhr durch, ohne anzuhalten, aber fast wäre er wieder umgekehrt. Der Geruch von frischem Harz, Sägemehl, geschälter Rinde, er sehnte sich nach diesem Geruch zurück, der ihn an irgendetwas aus seiner Kindheit erinnerte, aber woran? Es dauerte ein halbes Leben, eher er sich seinen Wunsch erfüllen konnte. Er hatte inzwischen geheiratet, eine Familie gegründet, war in den Norden gezogen, in flaches Wiesenland, und erst als seine Kinder groß genug waren, daß man mit ihnen nicht mehr an die See mußte, packte der Mann eines Tages die ganze Familie ins Auto: Wir fahren in den Schwarzwald.

Er fand die Sägemühle wieder, es zog ihn hin, er fand alles wie vor dreißig Jahren, als sei es ein Märchen. Die jungen

Männer waren noch da, sie stapelten dieselben haushohen Brettergebirge. Der Mann kurbelte das Wagenfenster herunter, atmete tief und sagte: Hier bleiben wir.

Die Frau verstand nicht. Sie wollte aus dem feuchten schattigen Tal hinaus, hinauf auf die Höhen, in die Sonne; sie schüttelte sich und senkte den Griff der Handbremse wieder, die der Mann schon angezogen hatte. Er, der nicht hätte erklären können und, falls er doch gekonnt, nicht hätte erklären wollen, was er hier gesucht und gefunden hatte, gab nach, steckte Weib und Kind in ein Hotel in Hinterzarten und sagte: ich komme in einer Woche wieder, oder so. Er fuhr zurück in seine Schlucht, setzte sich auf die geschälten Stämme, sog den Geruch ein und schaute den Bärtigen zu, wie sie Bretter stapelten und Bäume schälten. Er nahm Rindenstücke in die Hand und betrachtete die Wandelgänge der Borkenkäfermaden. Er saß und roch und schaute und war zufrieden.

Grinzinger trinkt. Die Geschichte ist zu Ende.

Und Sie meinen, Buhl –

Ich meine nichts, sagt er. Ich stelle mir nur vor. Irgendeinen Ort trägt jeder in sich herum. Als ich klein war, hatte ich mich in den Namen Bikini vernarrt, den ich im Atlas fand, und empfand es als entwürdigend, daß meine Inseln dann für Atombomben und Badeanzüge herhalten mußten. Isfahan, zum Beispiel, oder Seemoos. Oder ein Geruch. Haben Sie kein Sägewerk?

Buhl, erwidere ich, könnte den Turm dafür gehalten haben.

Mag sein, gibt Grinzinger zu. Und als er begriff, daß er sich getäuscht hatte, ging er fort, um weiterzusuchen.

In diesem Augenblick geschieht etwas Merkwürdiges. Grinzingers Blick fällt auf einen Zettel, der mit einem

Reißnagel am Bücherschrank angeheftet ist. Grinzinger steht auf, liest, wird blaß. Kann ich den haben? fragt er, wartet meine Antwort nicht ab, macht den Zettel los, steckt ihn in die Tasche und verabschiedet sich. Bis morgen. Ich erzähle Ihnen alles morgen.

Da sitze ich, schaue Grinzingers Glas an, das er nicht leergetrunken hat, und nach einiger Zeit fällt mir auf, daß es zieht. Ich schließe das Fenster und die Tür.

Am nächsten Tag regnet es, wenn man das so nennen kann, dieses Herabpflatschen von ganzen Wasserteppichen, ich habe dergleichen nie zuvor erlebt. Grinzinger kommt früh; ich höre ihn unten rumoren, er schält sich aus seinem Gummimantel, den er gegen die Wand klatscht, er schüttelt seinen Schirm aus, und dann kommt er in Socken die Treppe herauf: er hat seine Stiefel ausgezogen.

Einen Grog?

Ich sage nicht nein, bei dem Hundewetter. In Cannobio drunten steigt der See wie wild. Wenn es so weiterregnet, steht morgen die Piazza unter Wasser, und der Nacktarsch kriegt kalte Füße.

Der Nacktarsch ist ein komisches Kriegerdenkmal an der Uferpromenade. Ein strammer Soldat, nackt, nur einen Helm hat er auf und eine Fahne um sich herum, die seine Heldenbrust frei läßt und seinen blanken Hintern.

Ich werde hier sitzenbleiben, sage ich, und darauf warten, daß Sie als Fisch zum Fenster hereingeschwommen kommen.

Grinzinger antwortet nicht. Er sieht mir zu, wie ich den Grog bereite, und hilft die Zitronenpresse suchen, die ich nicht finden kann. Er kennt sich aus in Buhls Schubladen.

Auf dem Zettel stehen übrigens nur zwei Worte, sagt er. *Ora legale.* Und dazu ist eine Ameise gezeichnet. Falls Sie es nicht wissen sollten: es heißt Sommerzeit. Ich glaube, ich weiß jetzt, warum Buhl fort ist.

So?

Grinzinger läßt sich Zeit. Er spannt mich auf die Folter, während er das heiße Wasser aus dem Elektrokocher in den Rum schüttet und umrührt.

Um zu büßen, sagt er und probiert einen Schluck. Noch zu heiß.

Büßen? Buhl?

Ja. Er hat sich verkrochen. Er bringt ein Opfer.

Das ist nun ungefähr das letzte, was ich zu hören erwartet hätte. Ich weiß vielleicht nicht viel über Buhl, aber das weiß ich: so einer ist er nicht. Büßen, sich verkriechen – was soll das? Und wofür, zum Kuckuck, büßt Buhl? Mit einemmal ist mir Grinzinger suspekt. Sein Lächeln erscheint mir schief, sein Gesicht eine Fratze, sein schwarzer Bart eine Hecke, hinter der er sich versteckt. Fratze, das ist vielleicht übertrieben, aber warum verzieht er sein Gesicht so wegen eines Schlucks heißen Grogs?

Ein Opfer, so!, sage ich. Was denn für ein Opfer?

Grinzinger muß mit meinem Widerstand gerechnet haben. Sein Gesicht ist jetzt ganz Nachsicht und Geduld. Aber das reizt mich nur umso mehr. Gehn Sie mir doch mit Opfer und Buße! Buhl ist kein Christ; auch wenn ich nur wenig über ihn weiß – das weiß ich. Und wie die Alten opferten – auch dafür hätte er bestimmt nicht viel übrig. Ich auch nicht. Bei aller Bewunderung für die Griechen – das ist vorbei. Der Allerhöchste freut sich nicht mehr über geschlachtete Kälber. Man hielt damals viel von Symbolen, sie aßen ja dann das Kalb auch noch auf, sie opferten es zuerst und aßen es dann. Wie das zusammengeht, habe ich nie begriffen, aber man hat mir erklärt, es komme nur auf die rechte Gesinnung an. Diese

Gesinnung ist mir fremd. Wenn überhaupt jemanden, dann kann man nur sich selbst opfern, keinen andern, auch kein Kalb, stellvertretend. Ich sehe gleich den gefräßigen Jupiter vor mir oder Jahwe, den Moloch, der sich das blutige Maul wischt, auf den Wanst tatscht, mehr will. Den zürnenden Gott, der sich noch an den Enkeln rächt für der Väter Untaten bis ins dritte und vierte Glied.

Das ist der Grog, sagt Grinzinger milde, er verleitet zum Simplifizieren.

Ach, poltere ich, lassen Sie das unschuldige Gesöff aus dem Spiel. An so einen Jahwe muß man glauben können, und Buhl war nicht der Mann dafür. Wenn ich eine Fliege totschlage, weil sie mir den Gedanken zersumst, opfere ich sie auch nicht Jahwe auf, der sie geschaffen hat, sondern meiner Ruhe. Aber ich könnte es, wenn Sie wollen. Probeweise. Der Jahwe, den ich mir dazu vorstelle – wenn er noch entfernt gottähnlich ist, lacht er mich aus. Er hat vorgesorgt. Das ist kein Mickerbeutel, kein Was-ihr-dem-geringsten-meiner-Tierchen-getan. Fliegen ohne Zahl. Die Ersatzgeschwader sumsen an. Ich schlage um mich, erwische den Führer der Vorhut, vielleicht einen General, haue ihn auf Buhls Tisch zu Brei und spüre – Brei ist schon wieder stark übertrieben – das bißchen klebrige Blut am Handballen.

Grinzinger schenkt mir Sprudel ins fast leere Glas. Der Grogrest färbt das Wasser blaßgelb; es sieht aus wie Urin.

Sprudel. Sagten Sie nicht, Buhl sei fort, um zu büßen?

Doch. Aber das ist eine längere Geschichte. Wollen Sie sie hören? Jetzt?

Nur zu.

Grinzinger beginnt nicht. Er steht auf, tritt zu Buhls Bücherregalen, sucht, findet offenbar nicht, was er sucht, setzt sich wieder.

Kennen Sie zufällig von Arthur Schnitzler die Erzählung *Die dreifache Warnung*? Nein? Darin wird ein Jüngling von der Gottheit gerichtet und zu Tode befördert, weil er achtlos einen Wurm zertreten hat. Wohlgemerkt: nicht mit Absicht. Buhl kannte diese Geschichte.

Grinzinger sagt schon wieder *kannte* statt *kennt*. Es hört sich an, als lebe Buhl nicht mehr, und als wisse Grinzinger von Buhls Tod.

Er hat sie mir einmal vorgelesen, als er keine Lust auf Schach hatte. Nun aber zur Sache. Ich muß Ihnen einiges zumuten, glaube ich. Interessieren Sie sich für Fußball?

Ich möchte in diesem Augenblick mein Gesicht sehen können. Ich sage: Mäßig.

Also gar nicht, entscheidet Grinzinger. Denn wenn Sie sich dafür interessierten, so wären Sie auch schon ein Fanatiker, zumindest Anhänger eines Vereins, für den Ihr Herz an jedem Wochenende höher schlagen und bei Niederlagen bluten würde. Fußball kann man nicht einfach anschauen wie Eiskunstlauf, um der Ästhetik willen, obwohl es auch schöne Spiele gibt. Nicht daß schön gespielt wird, ist Ihnen wichtig, sondern daß Ihre Mannschaft gewinnt. Sie sind Partei. Wie das zustandekommt, welchen Verein Sie sich aussuchen, falls Sie weit genug entfernt wohnen von der nächsten Stadt, die einen hat, wie diese Kristallisation sich vollzieht – das wäre ein Thema für einen Fußball-Stendhal. Doch wozu Ihnen erklären, was Sie doch nicht kapieren? Sie haben für Fußball vermutlich nur die leise Verachtung der scheinbar Drüberstehenden übrig: eine vulgäre Sache, Brot und Spiele, etwas fürs Volk, schau dir doch bloß die Randalierer an rings ums Spielfeld, ihre Gesichter im Fernsehen. Dazu möchten Sie nicht gezählt werden. Stimmt's? Solche Sprüche und noch dümmere gab Buhl auch von sich, als wir das erste Mal über

Fußball sprachen. Ich war nämlich gekommen, mir bei ihm ein Spiel anzuschauen; der Empfang hier oben ist viel besser als der drunten in Cannobio. Ich fiel nicht gleich mit der Tür ins Haus, und das war in diesem Fall falsch, wie sich dann herausstellte. Denn Buhl hätte das Spiel auch angeschaut und verzichtete seufzend auf sein Vergnügen, als er mich kommen sah. Ich nahm es ihm nicht krumm; ich nahm ihm nur die Heuchelei krumm, mit der er sein Interesse am Fußball verleugnete. Warum tat er das? Er hat sich geschämt. Er glaubte, es schade ihm in meinen Augen, es stehe einem gebildeten Menschen schlecht an, für *Schalke 04* oder den *VfB Stuttgart* zu zittern. Später, als wir darüber sprachen, zählte er auf, wie oft man ihn schon wegen seiner Fußballbegeisterung schräg angeschaut habe: weiß sich der Mann keinen besseren Zeitvertreib? Ein Schriftsteller, und fällt auf die Mechanismen der Massenbelustigung herein?

Buhl stieß dann eines Tages auf Camus, der selber Fußball gespielt hatte und bis zu seinem Unfalltod jeden Sonntag ins Stadion ging. So, der hat sich also nicht geschämt. Ein Nobelpreisträger für Literatur. Das Alibi, sagte mir Buhl, ist freilich dünn, den Walter Jens habe ich noch aufgetrieben und einen Bratschisten, aber ein paar erlauchte Namen mehr hätten mir gutgetan.

Ich brauchte Zeit, um ihm den Kopf zurechtzusetzen. Aber dann sahen wir viele Spiele gemeinsam, hier, und wenn Sie etwas vom Fußball verstünden, könnte ich mich im folgenden kürzer fassen, aber so muß ich weit ausholen, denn jetzt kommt sie endlich, die Geschichte.

Grinzinger sieht sein Glas an. Der Grog ist ausgetrunken. Er holt eine Flasche *Gattinara* aus dem Wandschrank und entkorkt sie, während er weiterspricht. Gattinara, das ist doch diese langweilige Stadt, in der man so kompliziert hin und her fahren muß, ehe man wieder draußen ist. Ein büßender Buhl, Gattinara, Fußball; mir scheint zudem, das Fenster steht einen Spalt offen und läßt Nebel herein.

Spricht heute jemand nördlich der Alpen von der *Eintracht* und im Süden vom *Sportclub*, so weiß jeder Fußballmensch sofort Bescheid. Es gibt zwar mehrere Vereine dieses Namens, aber jeweils nur einen, der so berühmt ist, daß man die Stadt weglassen kann und einfach sagt: die Eintracht, der Sportclub.

Es war Ende der letzten Saison. Stellen Sie sich vor: Beide Mannschaften haben den ersten Tabellenplatz in der höchsten Liga ihres Landes errungen und sind, im Frühjahr dieses Jahres, nach einer Reihe von Ausscheidungskämpfen gegen andere europäische Vereine als Endspielgegner im Kampf um den Pokal der Landesmeister übriggeblieben. Es gibt drei solche Pokale, dies ist der wichtigste. Langweile ich Sie?

Nein, es klingt wie gedruckt.

Gut. Der Sportclub aus Italien gilt als Favorit. Er hat schon zweimal die begehrte Trophäe gewonnen, die silberne *coppa dei campioni*, eine Art Teller, ein scheußliches Ding übrigens, auf dem die Namen der Sieger eingraviert stehen. Zwei Spiele sollen ausgetragen werden, in jeder Stadt eins, und entscheiden soll das Gesamttorverhältnis, wobei, im Falle eines Unentschiedens, die auswärts erzielten Tore doppelt zählen sollen. Diese Regelung ist neu. Bisher hat es immer nur ein einziges Endspiel gegeben, auf neutralem Platz. Viele Fußballanhänger haben protestiert. Sie sehen in der Verdoppelung eine Entwertung, eine geschäftstüchtige Ausbeutung des beliebten Wettbewerbs. Nur bei unentschiedenem Ausgang auch nach Verlängerung sei ein zweiter Endkampf am Platz.

Sie hätten sich ihre Proteste für diesmal sparen können: beide Spiele enden, trotz leichter Überlegenheit der Italiener, unentschieden 1 : 1. So wird, da man ausgemacht hat, nicht aufs Elfmeterschießen zurückzugreifen, tatsächlich ein drittes Spiel auf neutralem Platz angesetzt. Man einigt sich, bei einem weiteren Unentschieden die Spielzeit zu verlängern und dann, wenn nötig, das Los entscheiden zu lassen.

Das Spiel findet an einem glutheißen Nachmittag in Bern statt. Wochen vorher ist das große Stadion ausverkauft. Aus beiden Ländern kommen Schlachtenbummler mit Bussen, Sonderzügen und per Flugzeug, als gelte es, die Schweiz zu erobern. Schon Stunden vor Beginn schwenken sie Transparente und Fähnchen und üben Anfeuerungschöre. Und die Zeitungen schreiben: Endlich werden wir wissen, wer den Sieg davonträgt: nüchterner teutonischer Kraftfußball oder südliche Technik und Eleganz. Das ist, nach Meinung anderer, Blödsinn, weil die Italiener eine stumpfsinnige Riegeltechnik betreiben, ihren berüchtigten *catenaccio*: häufigstes Resultat ist 1 : 0, denn wer ein Tor geschossen hat, will nur noch dieses Resultat halten und *macht hinten den Laden dicht*. Er *mauert*. Das ist wirksam, aber schön zum Zuschauen ist es nicht. Eleganz – damit kann höchstens die Körperbeherrschung von ein paar Dribbelkünstlern gemeint sein.

Die erste Halbzeit bleibt torlos. Die Mannschaften spielen nervös, zerfahren, sie *finden nicht zu ihrem Rhythmus*. Das Publikum pfeift und wirft Sitzkissen auf den Rasen.

Drei Minuten nach Wiederanstoß heißt es nach einem überraschenden Alleingang des linken Verteidigers, der einen Gegner nach dem anderen *aussteigen läßt* und von dem alle erwarten, er werde abspielen, 1 : 0 für den Sportclub. Eine Viertelstunde später köpft derselbe Mann einen Eckball, bei dem alle Italiener mit Ausnahme des Torwarts in die deutsche Hälfte aufgerückt sind, *an die Querlatte*, und der abspritzende Ball prallt vom Torwart zum Eigentor ins Netz. Das Treffen scheint entschieden. 2 : 0, *das lassen sich die Azzuris nicht mehr nehmen.*

Die Sympathien des Schweizer Publikums haben ursprünglich mehr der deutschen Mannschaft gegolten, sei es aus Tradition oder auch nur, weil man immer gern den Schwächeren gewinnen sieht. Aber jetzt schlagen sie in Begeisterung für das schöne Spiel der Südländer um. Der Fernsehreporter mit seinem stereotypen Vokabular spricht vom *Hexenkessel, in den sich das Stadion verwandelt* habe. Die Italiener, schreit er in sein Mikrofon, *spielen mit den Deutschen Katz und Maus.* Auf den Rängen wogt es gewaltig. Man sieht ganze Kolonien von Gastarbeitern, in der Schweiz heißen sie Fremdarbeiter, einander in den Armen liegen und Hüte und Flaschen in die Luft werfen. Böller krachen, Kuhglocken und Trompeten vollführen einen höllischen Lärm, Trauben von Luftballons mit den Emblemen des Sportclubs steigen in die Luft.

Dieses ganze Spektakel erstarrt plötzlich wie eine im windbewegten Faltenwurf festgehaltene barocke Szenerie und sinkt dann, während sich die Luftballons klein im Blau verlieren, in sich zusammen, als die Leute begreifen, was unten auf dem Rasen geschieht: Noch ehe die Italiener sich aus dem Überschwang ihrer Umarmungen lösen, *prescht* der Rechtsaußen der Eintracht, die plötzlich auf einen Wink ihres Trainers *mit drei Sturmspitzen* spielt, durch die überdies durch einen falschen Pfiff aus dem Publikum irritierten Gegner und schießt aus sehr großer Entfernung flach ins linke Toreck. 2 : 1. Ich räuspere mich.

Grinzinger schaut auf. Er hat die ganze Zeit das Weinglas in den Händen gehabt und es bald nach links, bald nach rechts gedreht. Ja?

Mir fällt schon lange auf, wie Sie sich ausdrücken, sage ich. Nicht nur heute. Daß Ihnen die Formeln der Sportreporter Spaß machen, verstehe ich. Aber der windbewegte Faltenwurf einer barocken Szenerie, das sprengt doch den Rahmen nicht nur eines Fußballfreundes, sondern auch eines Elektromeisters. Jeder Stand hat so ungefähr seine Sprache, oder sagen wir seine Sprachebene. Waren Sie immer nur Elektriker? Und verzeihen Sie das *nur*. Haben Sie nie studiert?

Grinzinger grinst.

Nein, nie. Im übrigen glaube ich, daß Sie da einem Irrtum der meisten sogenannten Gebildeten aufsitzen. Wenn ein Hohenzoller sich wie der größte Trottel benimmt und ausdrückt – das findet jedermann ganz normal. Der Kerl ist eben degeneriert. Aber einen einfachen Handwerker, der viel liest und dessen Sprache seine Lektüre widerspiegelt, das darf es einfach nicht geben. Falls Sie je vorhaben, aus mir eine Romanfigur zu machen: reduzieren Sie mich um Gotteswillen auf die Hälfte, vereinfachen Sie meine Ausdrucksweise, kurz, machen Sie mich dümmer, so dumm, wie ein Elektriker nach Meinung gebildeter Leser zu sein hat – sonst wird man's Ihnen als argen Fehler ankreiden. Wenn Ihnen das lieber ist, so erzähle ich von jetzt an anders, etwa im Stil des Sportteils der Frankfurter Allgemeinen. Da ist der Montags-Sportbericht nicht einfach ein Bericht; die Resultate kennen die Leser ohnehin schon aus dem Fernsehen. Nein, da wird über den Sport philosophiert, als sei die deutsche Bundesliga das Schlachtfeld zwischen christlicher und existentialistischer Weltanschauung. Bessere Leute genießen den Fußball nur, wenn sie ihn gleichzeitig als soziales Phänomen oder ähnlichen Käse betrachten können. Der gute Stil muß ihr schlechtes Gewissen besänftigen. Schließlich lassen sie sich da zu etwas herab, das unter ihrem Niveau sein müßte.

Da wären wir wieder bei Buhl, sage ich.

Ich habe mit Buhl darüber gesprochen. Zum Schluß kamen wir uns beide recht dumm vor, weil wir nicht einfach den Sport Sport sein lassen konnten. Natürlich, einem Kumpel vom Sportplatz, der krank zuhaus bleiben muß, würde ich das Spiel anders erzählen. Aber verlangen Sie jetzt nicht von mir, daß ich weitermache: Also, stell dir vor, da rennt doch der Dings, der Rivera, was er kann, schmeißt den Arsch auf die Seite und donnert den Ball in den Kasten, und der deutsche Gooli glotzt blöd aus der Wäsche und kann's nicht fassen.

Amüsant, sage ich. Ich bin nicht sicher, ob mir das nicht ebenso gut gefiele.

Und wenn – Grinzinger schenkt sich nach und leert das Glas auf einen Zug – ich tue Ihnen diesen Gefallen nicht. Darf ich weitererzählen?

Ja, sage ich, wenn ich auch hauptsächlich auf das Ende gespannt bin, denn was der Fußball mit der Sommerzeit und mit Buhls Fortgehen zu tun haben soll –

Geduld, sagt Grinzinger. Alles oder nichts. Ich war beim 2 : 1. Die Deutschen haben den *Anschlußtreffer* erzielt, aber die Mannschaft aus Italien fängt sich rasch wieder und ist bald aufs neue *drückend überlegen*. Fast die ganze Partie spielt sich jetzt in der Hälfte der Eintracht ab, und ein 3 : 1 oder 4 : 1 *hätte dem Spielverlauf eher entsprochen* als das 2 : 2, zu dem es in der vorletzten Minute kommt. Selbst die deutschen Schlachtenbummler sind so überrascht, daß ihr Jubel verspätet ausbricht, wie nach einer Schrecksekunde. In der Verlängerung verkrampfen sich beide Mannschaften wieder. Sie kämpfen zu verbissen, als daß der Erfolg sich noch einstellen könnte. Man läßt zum Schluß, wie vereinbart, das Los entscheiden, und der Sieg fällt den Schwächeren zu. Das

Publikum pfeift. Die Eintracht hat gewonnen, aber niemand ist so recht froh darüber. Der Kapität bietet den Italienern einen Revanchekampf an. Der Titel ist vergeben, sagt er, jetzt wollen wir beweisen, daß wir ihn auch verdienen. Und da wir uns nicht fürchten, spielen wir bei euch.

Die Eintracht, sagt Grinzinger, war nicht meine Mannschaft, ich bin Anhänger des FC Köln, aber sie war Buhls Mannschaft. Doch an dem, was nun kam, nahm ich mehr als sonst Anteil. Es erschien mir ungewöhnlich und ist es wohl auch gewesen, nicht nur für die Feuilletonisten vom gehobenen Sportbericht. Von der vierten Begegnung zwischen den beiden Vereinen an schien es nämlich, als liege ein Fluch über den Spielen. Selbst unter den unglaublichsten Voraussetzungen stellte sich stets das Unentschieden ein, unabhängig von den tatsächlichen Kräfteverhältnissen, die natürlich schwankten, sich aber immer mehr zugunsten der Eintracht verschoben. Eine fünfte, sechste und siebte Begegnung folgte. Die Mannschaften wurden schlechter. Sie vernachlässigten ihre übrigen Spiele, um sich für die Neuauflage des Pokalendspiels zu schonen, und rutschten beide in ihrer Tabelle nach unten. Dann, beim achten Mal, sieht es endlich so aus, als sei der Bann gebrochen. Die Eintracht führt drei Minuten vor Schluß 4:2. Die Journalisten geben schon ihre Spielberichte durch und formulieren passende Überschriften. *Pyrrhussieg nach sieben verhexten Unentschieden. Deutscher Zweckfußball behauptet sich in mörderischem Verschleißkampf. Germanien siegt in der größten Fußballdauerschlacht aller Zeiten.*

Man wartet auf den Schlußpfiff. Die Eintracht hält den Ball vorsorglich in den eigenen Reihen. Die Spieler wollen *nichts mehr riskieren*. Bei jeder Gefahr schlagen sie den Ball weit zum eigenen Torwart zurück. Später heißt es, eine von einem

Zuschauer geworfene Bananenschale sei schuld gewesen. Der Torwart will eine harmlose Rückgabe aufnehmen, er rutscht aus; der Ball rollt zum Entsetzen der Zuschauer ins Tor. Die Deutschen rennen zum Schiedsrichter, sie protestieren, und der, verärgert, läßt länger als nötig nachspielen. Sie ahnen es schon – 4:4.

Man einigt sich: das nächste Spiel soll das endgültig letzte sein und auf einem neutralen Platz in Belgien stattfinden. Finanziell erweist sich das als Fehlschlag. Die Zuschauer haben die ewigen Unentschieden satt. Der Kartenvorverkauf läßt Schlimmes befürchten. Es scheint, als habe man der Versicherung, dies sei das letzte Spiel, nicht getraut. Nicht zum erstenmal taucht der Vorwurf auf, die seltsame Serie sei in Wahrheit Manipulation. *Wer hat die Spieler gekauft?* schreibt Bild.

Es gibt eine Tonbandaufzeichnung, die beweist: Noch ehe die Spieler des Sportclubs zur letzten Begegnung nach Brüssel flogen, hatten sie das Gefühl, es werde sich diesmal etwas Besonderes ereignen. In der Mannschaftsaufstellung war eine wichtige Änderung vorgenommen worden: Man hatte einen ausländischen Wunderstürmer eingekauft, einen Spanier, der zu allem Überfluß *Vitoria* hieß, einen Dribbelkünstler, bekannt dafür, daß er durch geschickte Körpertäuschungen eine komplette Abwehr austricksen konnte; er hatte auf diese Weise einen zweitklassigen Verein in die höchste Liga geschossen. Ganz wohl war es den Sportclubleuten dabei nicht. Schmückt sich, so hieß es bereits, die Mannschaft im Falle des Siegs nicht mit fremden Federn? Wäre es nicht fairer, mit derselben Elf anzutreten wie bisher? Und die besseren Feuilletonisten schwafelten gar, Dietrich von Bern habe erkannt, daß er mit normalen Waffen nichts ausrichte und rücke jetzt mit Witteges Zauberschwert gegen Otaker an.

Ich spüre, daß ich etwas gutzumachen habe, und sage: Verzeihen Sie, das verstehe ich nicht.

Grinzinger flicht also einen kurzen Exkurs ein. Bern ist Verona, schließt er, und der Sportclub Verona, denn um den handelt es sich, ist also gewissermaßen Theoderich der Große bei seinem berühmten Betrugsmanöver.

Nun hat er mir's gegeben. Er holt eine zweite Flasche Gattinara aus dem Wandschrank: Ich bin das viele Reden nicht gewöhnt, meine Kehle ist ganz trocken, und auch Sie können einen Schluck brauchen für das, was jetzt kommt. Es ist nämlich höchste Zeit, von den Ameisen zu sprechen. Als Buhl sich seinen Turm bauen ließ, fiel das Gelände unterhalb des Turms bis zur Straße noch schräg ab. Der Rasen drunten um den Turm herum ist erst später angelegt worden. Buhl mußte dazu von der Straße herauf rings um den Sockel des Turms die jetzt bestehende Mauer hochziehen und den Zwischenraum auffüllen lassen. Die Mauer ist, wie Sie wissen, aus Natursteinen; das verstehen die Maurer hier gut. Der Straße zu ist sie, das sieht man jetzt unterm Efeu kaum noch, keine glatte Wand, sondern hat auf halber Mannshöhe einen Absatz, hinter dem sie ein paar Handbreit zurückweicht. Buhl, der nicht wußte, daß die Mauer einwachsen würde, dachte sie so ein wenig zu gliedern, damit sie nicht zu riesig aussehe. Den Absatz bildet eine Rinne. Die hat er mit Erde gefüllt für ein paar Kletterrosen, die er da einpflanzen wollte; die Edenrock-Touristen haben sie ihm stets geklaut. Das Efeu stellte sich von selbst ein und wird nicht abgerissen.

Eines Tages, als er gerade ein paar Rosensetzlinge einpflanzte, sah er, daß an der Mauer entlang eine Ameisenstraße führte, ein feines wimmelndes Band, das sich bald über die Steine hinzog, bald halb versteckt in den Fugen und Ritzen verlief. Ich sage *eines Tages*, und dabei ist es erst ein paar

Wochen her. Die Ameisen wanderten in beiden Richtungen. Es war eine Heerstraße von beträchtlicher Länge. Buhl verfolgte sie. Sie erstreckte sich fast über die ganze Mauer, etwa zwanzig Meter weit. Unklar blieben Anfang und Ende und damit der Zweck der Wanderung; die Ameisen kamen aus dem Innern der Mauer und verschwanden auch wieder drin. Nun sind Ameisen hier recht häufig. Sie kommen in jedes Haus, sobald das Wetter umschlägt und Regen droht. Gegen die Ameisenstraßen an den Wänden entlang gibt es Pulver, Sie finden es in Cannobio in fast jedem Geschäft. Gewöhnlich führt eine solche Straße irgendwohin, wo es etwas zu holen gibt, in die Speisekammer zum Honigglas, und es ärgerte Buhl, daß er nicht sehen konnte, was die Ameisen an seiner Mauer entlang trieben. Sie liefen in beiden Richtungen leer, schleppten nichts nach Hause. Es sieht so dumm aus, sagte Buhl, was zum Kuckuck tun sie, wozu dieser Pilgerzug? Oder bin ich der Dumme, weil ich's nicht begreife?

In der Mitte der Mauer verließ die Ameisenstraße den oberen Teil, überquerte die mit Gartenerde gefüllte Rinne und setzte sich, bergan, unterhalb fort.

Ich muß Ihnen, zum Verständnis der Geschichte, erzählen, wie sehr Buhl diese Ameisen beschäftigten. Er sprach einen ganzen Abend lang über nichts anderes. Schon als Junge habe er gern im Wald Ameisen beobachtet. Wer vor einem Ameisenhaufen stehe und dem Treiben eine Zeitlang zusehe, den überkomme früher oder später die Lust, störend einzugreifen und sich an dem plötzlich aufgeregten Wimmeln zu weiden. So sitzt, sagte Buhl, Gott über der Welt und macht sich, wenn sie ihm langweilig wird, mit einem Erdbeben oder einer andern Katastrophe eine Abendunterhaltung. Er wirft einen Tannenzapfen in den Haufen Welt oder stochert drin herum mit Blitzen und spürt das Jammern der Menschen als leichten Niederschlag feiner Wolken von Ameisensäure auf seiner Hand.

Sieht unser Treiben, fragte mich Buhl, für ihn auch so planlos und zufällig aus? Und herrscht tatsächlich Ordnung und Vorsatz bei den Ameisen?

Das sei gar nicht leicht festzustellen. Wer von einem Kirchturm auf einen belebten Platz hinunterschaue, dem erschienen die durcheinanderlaufenden Menschen auch als zweckloses Gewimmel, und doch wisse der Betrachter, daß alle ein Ziel verfolgten. Ob man es von den Ameisen auch wisse? Das beschäftigte ihn. Stundenlang beobachtete er einzelne von ihnen und sah, daß sie sehr zielstrebig wanderten, aber wohin und warum?

Er nahm ein Stückchen Holz und zog damit eine Furche in die Erdrinne, dort, wo die Ameisen sie überquerten. Für Ameisenverhältnisse war nun ein tiefer Graben anstelle eines ebenen Feldes.

Er hatte erwartet, daß die Verbindung rasch wieder hergestellt sein würde. Die Furche war höchstens drei Zentimeter breit. Aber die Ameisen fanden nicht mehr zueinander. Noch nach zwei Stunden stauten sie sich zu beiden Seiten des Grabens, liefen ratlos an dessen Rändern hin und her und kehrten wieder um. Die Straße schien endgültig unterbrochen. Buhl legte ein Hölzchen über den Graben, doch die Ameisen benützten den Steg nicht.

Was würden sie tun? Die Wanderung einstellen? Den Graben irgendwie überbrücken? Oder ewig so weiterwuseln?

Als Buhl eine Stunde später wieder nachsah, hatten sie sich oberhalb des gestörten Übergangs in zwei Arme geteilt. Die einen versuchten immer noch, den alten Weg wiederzufinden, die andern liefen nun am oberen Rand der Erdrinne weiter, tasteten sich in Neuland vor, immer wieder umkehrend, aber von den Nachfolgenden vorwärtsgedrängt, und nach weiteren zwanzig Minuten hatten sie sich etwa zwei Meter von der alten Stelle entfernt einen neuen Übergang geschaffen.

Die meisten Ameisen des von unten kommenden Hauptstrangs liefen noch immer auf dem alten Weg bis zur Sackgasse und kehrten um. Buhl fiel auf, daß von diesen keine, wenn sie beim Rückweg wieder zur Gabelung kam, hier den neuen Weg einschlug. Alle Zurückkehrenden schienen vielmehr überzeugt, es gehe nirgends nach vorn weiter, und wanderten heim zum Ausgangspunkt.

Wie finden Ameisen überhaupt ihren Weg? Buhl beobachtete, daß auch jene, die zu weit voneinander entfernt waren, um sich zu sehen, stets ganz genau dieselbe Spur über die Steine verfolgten wie ihre Vorgängerinnen. Diese verlief oft im Zickzack, und dann strebte keine Ameise geradeaus, um abzukürzen, sondern alle folgten der unsichtbaren Richtschnur. Um sicherzugehen, blies Buhl einen Stein ganz von Ameisen leer – die Nachfolgenden wanderten wieder auf derselben magischen Linie entlang.

Offenbar handelte es sich um eine Duftstraße. Ameisensäure. Wenn also ein anderer, stärkerer Geruch den der Ameisen überdeckte, so mußten sie, auf dem Stein wie im aufgewühlten Erdreich, die Orientierung verlieren.

Buhl hatte vom Rosenspritzen her eine Sprühdose mit einem Mittel gegen Mehltau. Die holte er und richtete den Strahl auf einen Stein, über den das wimmelnde Band zog. Etwa ein Dutzend Ameisen wurden getroffen. Sie krümmten sich und fielen in die Erdrinne hinab, wo sie liegenblieben und sich nicht mehr rührten.

Hatte er es gewollt oder nicht? War's Gedankenlosigkeit

oder uneingestandene grausame Lust? Ich weiß nicht, sagte er, was in mir vorging, als ich es tat, aber was es auch gewesen sein mag – ich hatte genug von meinen Beobachtungen. In Cannobio drunten schlug die Kirchturmuhr fünf.

Am Abend dieses Tages, wir saßen hier und spielten Schach, meldete das Radio, das Flugzeug, mit dem der Sportclub nach Brüssel reiste, sei am Nachmittag aus bisher unbekannten Gründen über den Alpen abgestürzt und an einer Felswand zerschellt. Nach ersten Informationen habe das Unglück siebzehn Opfer gefordert.

Buhl nahm die Taschenlampe. Ich sah ihn vom Fenster aus an der Mauer herumleuchten. Sechzehn, sagte er, aber ich kann eine übersehen haben.

Ich begriff nicht gleich, aber auch als ich begriff, begriff ich wiederum nicht. Wie ernst er seinen siebzehnfachen Mord genommen haben muß, das ging mir erst am nächsten Tag auf, als er mir, strahlend vor Erleichterung, eine Zeitung unter die Nase hielt: der Absturz war um vier Uhr erfolgt. Eine deutsche Zeitung, Buhl hatte sie in Brissago gekauft am Zeitungsstand an der Post. Der Artikel erging sich des langen und breiten in der aufrichtigen Trauer aller Sportsleute um die tapfere italienische Mannschaft. Buhl klopfte mit dem Handrücken auf das Blatt, er war sehr vergnügt, fast hätte er vor Freude getanzt, und ich gestehe, daß ich ein wenig an seinem Verstand zweifelte. Er las mir Schnitzlers Erzählung vor. Das Gewusel, sagte er, ist es nicht wie das Durcheinanderrennen von zweiundzwanzig Spielern, aus großer Höhe betrachtet? Er brachte noch manches von der Art vor, um mir begreiflich zu machen, wie er auf eine solche Idee habe kommen können, eine Idee, die ihm nun selber abwegig schien. Nur seine Erleichterung, die war echt. Anders wäre es ja auch kaum verständlich, daß er nun daraufhin fort ist.

Wie bitte? Woraufhin?

Sie haben offenbar noch nicht begriffen, sagt Grinzinger. Ora legale. Der Zettel. Buhl pflegt sich Wörter, die er nicht kennt, auf Zettel zu notieren und an die Wand zu heften, damit er sie später nicht nachzuschlagen vergißt. Er muß durch dieses Wort wieder draufgekommen sein, daß in Italien die Uhren im Sommer eine Stunde vorgehen. Ich habe mich gewundert, warum er den Zettel an der Wand ließ. Jetzt weiß ich es. Das ist sein Abschiedsbrief.

Wir sprechen nicht mehr viel an diesem Abend. Grinzinger trinkt die Flasche aus und geht, und ich bin allein mit dieser Geschichte, die mir nicht gefällt.

Zweiter Teil

1

Gestern hat mich der Direktor rufen lassen, mitten aus dem Unterricht. Das ist seine Art zu dramatisieren und sich selbst in Szene zu setzen: als dulde das Gespräch keinen Aufschub, als gehe es um Leben oder Tod eines Schülers oder einer ganzen Klasse.

Es ging um den Konjunktiv.

Man hat mir berichtet, Herr Kollege. So beginnt er meist. Mir ist zu Ohren gekommen. Ich habe erfahren, daß. Es heißt. Es wird behauptet. Sie sollen da.

Will er zu verstehen geben, daß er keinen Widerspruch, keine Verteidigung gelten lassen wird, dann sagt er nicht *Herr Kollege*, sondern hält dem zu Rügenden wie eine Warntafel seinen Familiennamen entgegen. *Herr Mürzig.* In besonders schwerwiegenden – nach seiner Ansicht schwerwiegenden – Fällen zögert er nach dem *Herr* ein wenig, als müsse er sich auf den Namen erst besinnen.

Darüber wird im Lehrerzimmer geredet. Neuen Kollegen erläutern die Eingeweihten des Direktors Erkältungsmethode. Zuerst freundliche Wärme, scheinbare Loyalität, dann Frost schubweise. Aber Verlaß ist darauf nicht. Unser Direktor liebt Nuancen, erfindet gern Varianten. Ich stelle mich auf den Menschen ein. Ich schere nicht über ein und denselben Kamm. Er liest Bücher über Physiognomik, schmückt sein Direktionszimmer mit Illustrationen aus dem Lavater, mit abstoßenden Karikaturen. Das hält er für lustig und belehrend zugleich. Sind sie nicht lustig und belehrend zugleich?

fragt er, wenn ihn ein Besucher auf die Rübennasen und Wulstlippen anspricht.

Böse Zungen behaupten, er übe vor dem Spiegel. Er soll beobachtet worden sein, durchs Fenster, vom gegenüberliegenden Finanzamt aus. Wie zucke ich verächtlich mit dem linken Mundwinkel? Wie verdicke ich unmerklich ein Augenlid und drücke damit höflichen Unglauben aus? Wie lächle ich so, daß niemand genau weiß, ob es aufmunternd oder herablassend gemeint ist?

Hier hat Buhl auf den Rand geschrieben: Zu ausführlich. Es geht nicht um den Direktor.

Weiter Mürzig: Gestern freilich deutete alles auf einen versöhnlichen Ton. Man hat mir da zugetragen, lieber Herr Kollege. Aber kaum hatte er mich Platz nehmen lassen, mit einer weichen Geste über den Schreibtisch hinweg, als übe er den Jesus für Oberammergau, da stand er plötzlich ruckartig auf, fuhr kurz mit dem Handrücken zum Steiß, unterdrückte diese Geste aber sofort, denn er will als kerngesund gelten, stützte sich mit Daumen, Zeige- und Mittelfinger der linken Hand schwer auf den Tisch und betrachtete diese drei Finger. Dabei blähte es sich in seinem Mund hinter den geschlossenen Lippen, als müsse er Vorwürfe wie Fürze zurückhalten: O ihr drei Wurzeln meiner Rede, mit der ich diesen Mürzig jetzt gleich zerschmettern werde, seid ihr auch alle drei gut verankert im Boden unumstößlicher Grundsätze? Garantiert ihr mir, daß meine Argumente hieb- und stichfest sind? Dann werde ich ihn jetzt hauen und stechen, diesen weltfremden Spinner.

Ich habe da wohl gelächelt. Der Direktor sah mich einen Augenblick lang überrascht an. Mein Lächeln paßte nicht in sein Konzept.

Man hat mir berichtet, Eltern waren das, besorgte Eltern

von Schülern Ihrer 12c, und ich habe mich auch noch zusätzlich anhand Ihrer Eintragungen im Klassenbuch davon überzeugt: Sie nehmen seit vier Monaten den Konjunktiv durch.

Lange Sätze dieser Art, mit Einschüben, als zögere der Direktor, zur harten Wahrheit zu kommen, sind gefährlich. Man muß dann nicken. Gleich sich verteidigen oder auch nur sprechen wäre grundfalsch – er will weiterreden.

Ich nickte.

Gut: Sie geben es zu. Es ist für einen Schulleiter nie angenehm, einen seiner Lehrer zur Rechenschaft ziehen zu müssen, zumal wenn es sich um ein Fach handelt, von dem der Lehrer mit Sicherheit mehr versteht. Ihre fachliche Kompetenz außer Zweifel – aber vier Monate Konjunktiv! Der Lehrplan enthält, ich habe mich davon überzeugt, noch manch andere wichtige Gegenstände, vor allem aber fordert er Ausgewogenheit – hören Sie mir zu?

Ich nickte.

Eine Ausgewogenheit zwischen der Beschäftigung mit Sprache und der mit Literatur. Es wäre wohl an der Zeit, daß Sie sich letzterer zuwendeten.

Ich hatte zum Fenster hinausgesehen. Ein Grünfink versuchte auf dem Sims draußen des Direktors Joghurtbecher aufzupicken. Es schneite, große nasse Flocken, mit Regen untermischt. Ich hatte das Gefühl, Jahre älter zu sein und diese Szene aus der Erinnerung nachzuleben. Sie ging mich nichts mehr an, ich war gefeuert worden, der Direktor war eine Theaterfigur, die ihren Text hersagte, einen bekannten Text, ich selbst hatte ihn geschrieben und hatte als Regieanweisung angemerkt: väterlicher Ton zunächst, nicht von oben herab oder zumindest nicht allzu deutlich, ein Rat unter Kollegen, kein Befehl. Der Lehrer zieht das Genick ein. Er begreift: Nein, das ist kein Befehl, aber wehe dir, wenn du ihn nicht befolgst.

Es lief nicht ganz so ab; die mitschwingende Drohung wurde gegen Ende deutlicher. Der Direktor, schien mir, bewegte sich auf ungesichertem Terrain. Fast tat er mir leid. Ein Fall wie der meine war ihm vielleicht noch nie untergekommen. *Zu spät zum Unterricht, eine Klassenarbeit zu wenig, die Pausenaufsicht versäumt, Kultus und Unterricht nicht gelesen, nicht abgehakt, mit Schülern spöttisch über einen Kollegen gesprochen*: das waren die Delikte, die er kannte und liebte, da dosierte er seine längstfertigen Sätze mit Genuß, konstatierte die Wirkung, berichtete auf Schulleitertagungen von seiner Erfolgsmethode: so kollegial wie möglich, so bestimmt wie nötig, aber bestimmt.

Nun?

Ich mußte jetzt Stellung nehmen. Abends, zuhause, fiel mir ein, was ich hätte sagen können, sagen sollen, was dem Direktor wie Musik in den Ohren geklungen hätte: Vier Monate? Dem Kalender nach vielleicht, aber rechnen Sie zunächst einmal die drei Wochen Weihnachtsferien ab, dann die Grippewelle im Januar, wo mit den wenigen verbleibenden Schülern kein methodischer Unterricht möglich war, anschließend lag ich selbst zehn Tage im Bett, dann kommt noch die Fortbildungstagung in Calw – da bleiben, mit den sonstigen Ausfällen, der halben Ferienwoche an Fastnacht und den Feiertagen nur etwas mehr als zwei Monate übrig, bei drei Wochenstunden Deutsch keineswegs zuviel für ein so umfangreiches Grammatikkapitel –

er hätte nachgerechnet, genickt, mir halb rechtgegeben, erleichtert über die plausible Antwort für besorgte Eltern, hätte es bei einer gütigen Ermahnung bewenden lassen: Nun lesen Sie aber den *Tell* oder den *Schimmelreiter* oder sonstwas, machen Sie endlich Schluß mit dieser Grammatik.

Vielleicht, wer weiß, hätte er sogar jovial geschmunzelt: Denn wem macht die schon Spaß, unter uns? Denken wir doch an unsere eigene Schulzeit zurück, Herr Kollege!

Stattdessen sagte ich: Vier Monate? Ganz richtig. Und dabei stehe ich mit dem Konjunktiv erst am Anfang.

Der Schnee war inzwischen in Regen übergegangen. Auf dem Joghurtbecher, den der Fink nicht aufbekommen hatte, standen Wasserperlen. Dazu die Schweißperlen, die plötzlichen, auf der Stirn des Direktors: wie eine Stelle aus einem schlechten Roman.

Heißt das, Sie wollen auch weiterhin den Konjunktiv durchnehmen?

Wollen? Ich muß.

Ich hätte fortfahren können: Denn was wäre ich für ein Lehrer, wenn ich mich durch Sie einschüchtern ließe oder durch ein paar Eltern von begriffsstutzigen Schülern? Wenn ich ein Kapitel Grammatik in der Mitte abbräche und den Schülern sagte: So, jetzt treiben wir zur Abwechslung ein bißchen Apfelschießen? Vier Monate lang habe ich die Voraussetzungen dafür geschaffen, daß die begabteren unter meinen Schülern die Schwierigkeiten, die jetzt kommen werden, bewältigen können, all die komplizierten Fälle, von denen die Duden-Grammatik leider nur einen Bruchteil erwähnt. Und wozu? Damit ich mich jetzt um die Früchte meiner Bemühungen bringen lasse?

Aber all dies hätte mein Direktor nicht hören wollen. Also sagte ich es nicht.

Herr Mürzig, ich hatte Sie zu mir gebeten in der Hoffnung, von Ihnen zu hören, daß Sie jetzt Schluß machen mit diesem Konjunktiv. So wichtig ist er nun auch nicht. Stattdessen sagen Sie, Sie beginnen erst.

Begännen.
Wie?
Es muß heißen: *begännen*. Indirekte Rede. Ersatzform des zweiten Konjunktivs für die des ersten, weil diese mit dem Indikativ zusammenfällt. Richtig wäre gewesen: *Sie sagen, Sie begännen erst*. Bedürfte es noch eines Beweises, wie nötig es ist, den Konjunktiv durchzunehmen – Sie hätten ihn mit Ihrem Fehler soeben selbst geliefert. Denn wenn schon ein Oberstudiendirektor Konjunktivfehler macht, wieviel mehr dann ein Schüler.

Der Direktor blieb mir die Antwort schuldig. Und nun geschah etwas, womit ich nicht gerechnet hatte: er ließ mich einfach sitzen. Er erklärte die Unterredung nicht für beendet, er verzichtete auf diese ihm so teure Formel, schickte mich auch nicht einfach hinaus, sondern ging selbst, und dann kam seine Sekretärin: Herr Mürzig, ich soll Ihnen ausrichten, die Unterredung ist beendet.

Ist? Sei. In vier Monaten treibt man diesen Teufel nicht aus.

2

Nun verkehrt der Direktor mit Studienrat Mürzig nur noch schriftlich. Ich bitte Sie um Stellungnahme zu folgenden Klagen, die über Sie eingegangen sind. Das geht noch; so einen Satz kann man verstehen. Aber dann! Was diese Bananen betreffe: es sei den Schülern nicht zuzumuten und überhaupt prinzipiell unvereinbar mit einem in dieser Hinsicht zwar nicht in alle Einzelheiten festgelegten, durch ungeschriebene Gesetze aber gleichwohl existierenden Konsensus über normales und darüber hinaus, in Anbetracht der besonderen pädagogischen Situation des Lehrers, auch als vorbildlich zu erwartendes Verhalten, daß der Lehrer Mürzig während des Unterrichts Bananen esse.

Auf deutsch: Das kannst du doch nicht machen, Mensch, mampf gefälligst in den Pausen.

Stellungnahme des Lehrers Mürzig, mit der Bitte um Weiterleitung ans Oberschulamt:

Ja, ich esse Bananen, in jeder Pause und gelegentlich auch während des Unterrichts, wenn ich einfach muß. Wenn ich nicht anders kann. Ein entsprechendes ärztliches Zeugnis befindet sich seit langer Zeit bei meinen Personalakten; ich habe dem Herrn Oberstudiendirektor zu Beginn meiner Tätigkeit an dieser Schule ein Exemplar davon überlassen. Mein Magen ist sehr empfindlich. Ich plage mich mit einem ständig wiederkehrenden Geschwür herum und bin, als Junggeselle, dem keine fürsorgliche Gattin Diätkost kocht, leider gezwungen, aufs Gasthausessen zu verzichten. Ich muß mich, sozusagen, aus der Hand in den Mund ernähren, wobei dies in meinem Falle nicht die finanzielle Notdurft bedeutet, sondern viel unmittelbarer die mir durch die Umstände aufgezwungene Ernährungsweise. Der Arzt hat mir dringend geraten, sehr oft, aber sehr wenig zu essen. Beim Auftreten des Geschwürs, also regelmäßig im Frühjahr und im Herbst, sind mir nur Kalbfleisch, Quark, Zwieback und Bananen erlaubt.

Wer Leiden wie das meine kennt, weiß, wie einen plötzlich der Schmerz überfällt, wie es im Magen sticht und wühlt, und daß es dann nur eine Abhilfe geben kann: sofort etwas essen. Nun kann man freilich vorsorgen. Eine Banane in der Pause, das reicht gewöhnlich für die nächsten fünfundvierzig Minuten, aber ich komme beim besten Willen nicht immer dazu. Manchmal wollen mich Eltern sprechen, manchmal gibt es rasch etwas zu erledigen, und auch wenn es unpassend erscheinen mag, darf ich doch daran erinnern, daß auch Lehrer menschliche Bedürfnisse haben, die sie nur in den Pausen erledigen können – es wird mir doch niemand zumuten wollen, daß ich, wie Brechts Orge, *auf dem Aborte fressen* soll. Kurz: ich muß nur sehr selten während des Unterrichts essen, aber wenn ich muß, dann muß ich eben. Ich würde, weiß Gott, gern darauf verzichten. Schließlich bin ich nicht bananensüchtig; vielmehr hängen mir die ewigen Bananen zum Halse heraus, aber ich kann ja noch weniger zu Hölderlins Versen anfangen Quark zu löffeln oder einen Kalbsschlegel abzunagen, und Zwieback kracht so arg. Ich höre nichts, während ich ihn kaue, und muß zudem darauf achten, mich nicht durch Brösel zu beschmutzen.

Soviel will ich vorausschicken. Nun zu den gegen mich erhobenen Vorwürfen im einzelnen.

1. Studienrat Mürzig untergrabe die Disziplin, indem er nicht nur seinen Schülern gestatte, während des Unterrichts zu essen, sondern dies auch laufend selbst tue.

Erwiderung: Ich sitze oder stehe beim Essen, manchmal gehe ich auch zwischen den Bankreihen auf und ab, aber ich laufe nicht.

2. Studienrat Mürzig vergesse häufig Bananen, von denen er stets ganze Stauden anzuschleppen pflege, in seinem Pult, wo sie binnen kurzem verfaulten, stark röchen, und von wo, sobald man den Deckel öffne, Schwärme ekelhafter kleiner Fliegen aufstiegen.

Erwiderung: Ich will mich nicht dabei aufhalten, daß man einen Pultdeckel zwar aufklappen, aber nicht öffnen kann – der Herr Oberstudiendirektor kann es offenbar. Zur Sache: Warum räumt der Hausmeister nicht besser auf? Fliegen fänden keinen Nährboden, wenn nicht viel zu oft Bananen-

schalen tagelang im Papierkorb blieben, weil dieser selten, wie es Vorschrift ist, täglich geleert wird. Im übrigen kann ich mir gern einen Kühlschrank in mein Pult einbauen lassen, wenn der Staat die Kosten übernimmt. Und was die Stauden betrifft: im Großeinkauf sind Bananen nun einmal billiger.
3. Studienrat Mürzig esse seine Bananen auf eine Weise, die schlechthin obszön genannt werden müsse und auf die ihm anvertrauten Jugendlichen den denkbar übelsten Einfluß habe. Er schäle sie (der Herr Oberstudiendirektor meint die Bananen), wie übereinstimmend berichtet werde, mit wollüstigen Gesten und esse sie dann derart, daß sich auch unverdorbenen Gemütern der sexuelle Charakter dieses Bananengenusses geradezu aufdränge.
Erwiderung: Die unverdorbenen Gemüter! Ein harmloses Gemüt bin wohl ich, denn erst durch diese groteske Anschuldigung kam mir zum Bewußtsein, daß man das Verzehren einer Banane auch anders denn als Verzehren einer Banane auffassen kann. Ich habe mich inzwischen von einem einschlägig geschulten Kollegen darüber aufklären lassen, was das Verzehren einer Banane noch bedeuten kann. Er hat mir armem Unwissenden den Begriff der *Fellatio* erläutert und mich darauf hingewiesen, daß dieser Vorgang, von mir an einer Banane demonstriert, zusätzlich einen die Sachlage (er lachte dabei) verschlimmernden homosexuellen Charakter annehme. Ebenso war mir, ich gestehe es, neu, daß den unverdorbenen Gemütern diese und ähnliche Zusammenhänge sofort auffallen müssen, da sie die entsprechenden sexuellen Vorgänge, wo nicht aus eigener Erfahrung, so doch aus Druckwerken kennen, die sie in ihren Schulmappen mit sich schleppen und in denen das Ganze auf farbigen Glanzfotos gezeigt wird, allerdings nicht an Bananen. Die Zeiten, in denen man Aufklärungsunterricht am Beispiel der Bienen

betrieb, sind also offenbar vorbei; und daß man nunmehr Bananen nicht mehr essen kann, ohne die sexuelle Phantasie einschlägig vorgebildeter Schüler anzustacheln, konnte ich, der ich noch mit Bienen aufgeklärt worden bin, nicht ahnen. Ich bitte um Anweisung, ob ich künftig Quark essen soll, und um Belehrung, falls eine Quarkschüssel und ein Löffel ebenfalls sexuell symbolträchtig sein sollten.

3

Der Irrealis, sagt Mürzig, ist für unsereins der Ersatz fürs verlorene Jenseits: Paradies, Gegenwelt, Opium fürs Volk der Grammatiker. Aber wen meine ich mit dem Volk der Grammatiker, wen mit unsereins? Ich stehe allein. Zwar – es muß noch ein paar Gläubige geben. Wenn ich daran zu zweifeln beginne, schaue ich in den Duden. Da habe ich recht. Das ist meine Bibel und mein Gesangbuch. Doch wo stecken sie, diese Gläubigen? Ist es nicht verquer, daß ich an dieser Schule der einzige bin, obwohl es sechs Deutschlehrer gibt? Die anderen scheren sich einen Deut um den Konjunktiv. Sie beherrschen ihn selbst nicht, und wenn ich davon anfange, grinsen sie. Sie zeigen einander sogar Hefte meiner Schüler, in denen ich falsche Konjunktivformen angestrichen habe.

Ich lasse mich nicht beirren. Ich träume von einer Welt, in der jedermann den Konjunktiv richtig gebraucht, und häufig gebraucht, ihm nicht ausweicht, keine Angst vor ihm hat, in der den Leuten der Konjunktiv über die Lippen geht wie *Guten Tag* oder *Schönes Wetter heute*. Das wäre mein

Himmel. Wer trüge nicht seine unerfüllbaren Träume mit sich herum, und wer litte nicht darunter, daß sie unerfüllbar bleiben? Nennt mich ruhig konjunktivbesoffen. Dagegen habe ich nichts.

Ich erinnere mich einer Deutschstunde, in der ich Abiturienten vom Konjunktiv überzeugen wollte. Überlegen Sie, sagte ich, wie sehr Gedanke und Wort voneinander abhängen, einander bedingen, daß es einen Gedanken nur gibt, wenn man ihn in Sprache fassen kann, und nur in dem Maße, in dem man das kann: klare Sprache ist Ergebnis, aber auch Voraussetzung klarer Gedanken. Von meinem sprachlichen Vermögen, von meiner Formulierungskunst hängt es ab, wie scharf, wie gut, wie differenziert ich denken kann. Und umgekehrt.

Ich weiß nicht mehr, ob mir die Schüler überhaupt folgten. Sie haben sich vermutlich gelangweilt. Mir aber kam in der Pause: wie ich nun meine Träume denke, ob sie verschwommene Wolken bleiben, kaum faßbar und darum auch keine wirkliche Verlockung, nie eine Gefahr für den Geist, für das andere Ich, das fort will – das hängt allein davon ab, ob ich meine Träume fassen kann. Greifbar machen. In Sprache. Im Irrealis.

Wäre ich reich, ich würde wohl versuchen, mir die Träume zu verwirklichen, die man sich eben mit Geld erfüllen kann. Aber das sind andere, und die Träume, die ich jetzt träume, vergäße ich darüber. Das wäre schlimm, denn sie sind unendlich viel größer, schöner, vielgestaltiger als die Träume der Reichen. Daß sie so sind, entschädigt für ihre Nichterfüllbarkeit, die ja mit den Träumen ins Maßlose wüchse, litte ich unter ihr. Ein Kollege, dem ich einmal spätabends beim Wein davon erzählte, meinte, ich müsse doch zutiefst unbefriedigt sein, weil ich meine Wunderwelten nie sich verwirklichen sähe. Nein, fand ich da: Wunder, die Wirklichkeit würden, werden könnten, wären keine mehr. Sie würden in dem Augenblick, da sie Gestalt annähmen, ins Profane gezerrt, beschmutzt, als klebe der Beton der Fabrikation an ihnen. Die blaue Luft drumrum wäre weg.

Der Irrealis ist das Sesam-öffne-dich zur zweiten Welt. Der Grammatiker betritt sie nicht wie ein zum Staunen bereites Kind, das sich überraschen läßt, sondern als Eingeweihter. Er bringt den Zauberstab mit, ein Bündel Verben im Konjunktiv II; die spricht er aus, bildet Sätze damit, seine Zauberformeln, und es tut sich auf. Wer sich einmal daran berauscht hat, kann nie mehr davon lassen und ist immun gegen alle anderen Versuchungen. Der Irrealis holt die Träume in greifbare Nähe und hält sie doch gleichzeitig in Distanz: sie vermischen sich nie mit der Wirklichkeit, aber ein Sprung genügt, und man ist drüben in der Welt, die es gibt, weil man sie sich vorstellt.

Der Sprung, das ist die Sprache. Da bleibt ihr zurück, ihr Armen im Indikativ, ihr wackeren Realisten, ihr mit beiden Füßen fest auf dem Boden der Tatsachen stehenden Pygmäen. Euch ist bang. Ihr schaudert zurück. Ihr seht nur den Abgrund dazwischen. Der ist allerdings tief. Hinein fällt man durch Grammatikfehler. Und durch Kleinmut. Ihr singt: Wenn ich ein Vöglein wär und auch zwei Flügel hätt, flög ich zu dir. Da's aber nicht kann sein – warum nicht? Ich frage: warum nicht?

Siehst du, Mürzig, ihr banges Zaudern? Statt sich emporzuschwingen auf den Flügeln des Konjunktivs, denn was ist Fantasie anderes als Konjunktiv –

hier stehen in Buhls Heft ein paar Zeilen, die dick durchgestrichen sind, als habe er befürchtet, es könne sie jemand gegen das Licht halten und zu lesen versuchen. Dann ist ein

Blatt eingelegt, mit andersfarbigem Stift beschrieben. *Einfügen* steht darüber. Es hat einen Titel: Fliegen.

Ich kann fliegen. Ich schlage nicht mit den Armen, versuche nicht gewaltsam durch die Luft zu rudern, setze keine Flügelmaschine in Gang. Ikarus und der Schneider von Ulm wollten es den Vögeln nachtun. Das war falsch. Sie hätten sich auf das besinnen sollen, was sie den Vögeln überlegen macht: auf ihren Willen.
 Man traut sich zu wenig zu.
 Etwas wollen – immer verzagen wir zu früh. Wir sagen nicht: ich will. Wir sagen: ich möchte schon, aber man kann nicht. Und wir versuchen's gar nicht und merken nicht: wer will, kann.
 Aber die Naturgesetze?
 Und die Vernunft?
 Ich stelle mich aufs Fensterbrett. Los.
 Ich kann fliegen. Ich kann fliegen, aber ich fliege nicht. Lachen Sie nur. Ich weiß, was Sie denken: Fliegenkönnen – Unsinn! Der alte Poetentraum, die schöne Metapher. Soll er's doch beweisen. Mach das vor, komm, flieg mal schön. Du willst nicht? Warum denn nicht? Weil du nicht kannst. Der Mensch ist nicht dafür gebaut.
 Groß ist die Versuchung, solche Vorwürfe zu widerlegen. Aber flöge ich auch nur ein einziges Mal, so entdeckten meine Zuschauer wahrscheinlich, daß sie's auch können, und wer sich, angesichts unserer verstopften Straßen, die Luft voller Passanten oder vielmehr Flieganten vorstellt, ein sphärisches Gewimmel, vielleicht mit Verkehrspolizisten, die an Fesselballonen hängen, der läßt sich lieber für einen Narren oder Betrüger halten.
 Es könnte auch sein, daß die Zuschauer es mir nicht

nachtäten, weil sie lieber ihrer Erfahrung trauen würden als ihren Augen. Dann müßte ein einzelner fliegender Mensch für sie ein ungeheurer Skandal sein – sie ertrügen ihn nicht und schössen mich ab.

Deshalb fliege ich nicht. Anfangs flog ich manchmal allein, nachts, für mich, traumhaft. Aber davon hat man nicht viel, die Erde ist dunkel, und eine gewisse Gefahr, gesehen zu werden, besteht dennoch. Nun bin ich schon über ein Jahr nicht mehr geflogen. Kürzlich, als ich morgens um drei Uhr erwachte, überkam mich noch einmal die alte Lust. Ich öffnete das Fenster, bestieg den Sims und sah hinunter aufs Straßenpflaster. Ein Gefühl befiel mich, das ich früher nicht gekannt hatte: Angst. Nein, nicht Angst, nur Zweifel. Aber ich wagte keinen Versuch mehr und werde wohl auch keinen mehr wagen.

4

Es ist gut, schreibt Buhl, daß ich niemandem Rechenschaft ablegen muß. Dreimal nein zum vorgestellten Leser. Er zwänge mich nur zu den unvernünftigsten Verrenkungen, oder vielmehr zu den vernünftigsten. Aber eben die wären mir zuwider. Wie zum Beispiel könnte ich einem Manne wie Grinzinger meine Konjunktiv-Besessenheit plausibel machen?

Anscheinend findet Buhl aber doch Gefallen an diesem Gedanken, denn er versucht es.

Immer wenn man leidenschaftlich um etwas kämpft, Herr Grinzinger, erhält der Gegenstand zuviel Gewicht. Er wird übermächtig. Er raubt dem Kämpfenden den Blick für die

Proportionen. Nehmen Sie Fußballfans, oder nehmen Sie sich selbst. Haben Sie mir nicht kürzlich gesagt, vor einer spannenden Mattkombination wäre selbst ein Erdbeben, das den Turm bröckeln ließe, nicht mehr als eine unwillkommene Störung? Weg damit. Wie war das noch? Wenn ich mit dem schwarzen Läufer –

und erst wenn Sie's gefunden hätten, sagten Sie, dann erst gingen Sie zum Fenster, nachsehen, ob draußen die Welt noch stehe. Genauso geht es mir mit dem Konjunktiv, nur mit dem Unterschied, daß ich mir meiner Verrücktheit – nennen wir es einmal so – stärker bewußt bin und mich darüber ärgere. Sie werden es kaum glauben:

seit Mürzig für den richtigen Konjunktiv kämpft, kann ich kein Buch mehr lesen, ohne daß mich der erste falsche Konjunktiv völlig vom Gegenstand abbringt – ich achte fortan, ob ich will oder nicht, nur noch auf den Konjunktiv, ich lese von Konjunktiv zu Konjunktiv. Und so sehr mich die ersten falschen Konjunktive in Wut bringen, so sehr freue ich mich dann über alle weiteren, sind sie mir doch Bestätigung dafür, daß der Autor nicht bloß ein paarmal zufällig danebengegriffen hat, sondern daß er den Konjunktiv nicht *kann*. Denn davon bin ich zutiefst überzeugt: *man kann ihn, oder man kann ihn nicht*. Da gibt es kein momentanes Ausrutschen, kein: eigentlich weiß ich Bescheid, aber man paßt halt nicht immer auf. Wer sich das einmal klargemacht hat, was das ist, ein falscher Konjunktiv, dem unterläuft keiner mehr, auch wenn er zuvor unbekümmert konjunktiv-gekauderwelscht hat. Ich bin sogar schon so weit, daß nicht einmal mehr ein falscher Konjunktiv auftauchen muß, damit ich nur noch Konjunktive wahrnehme. Denn sind in einem Roman alle Konjunktive richtig, so staune ich: sieh an, dieser Autor beherrscht den Konjunktiv, was für eine Seltenheit! Und ich freue mich so sehr darüber, daß mir das Buch schon allein deswegen gefällt, es mag sonst so schlecht sein wie es will. Leider wird dieser Genuß immer seltener. Der Normalfall ist nicht das Korrekte, der Normalfall ist ein scheußliches Gewimmel von Konjunktivfehlern aller Art, sofern der Autor nicht dem Konjunktiv, den er nicht beherrscht, aus Furcht ganz ausweicht. Denn das gibt es schon. Im Grund sind mir solche Skribenten fast lieber; sie haben wenigstens erkannt, daß ihnen etwas fehlt, aber die Sprache geht vollends dabei drauf. Solche Leute setzen statt der indirekten Rede einfach die direkte, auch wenn sie Bocksprünge machen müssen, damit es paßt. Statt *er käme, wenn er könnte* schreiben sie alles mögliche: *er will kommen, vielleicht kommt er auch, aber sicher ist es noch nicht, er weiß noch nicht, ob er kann, wahrscheinlich kann er gar nicht.*

Nein, Herr Grinzinger, ich übertreibe nicht, mir ist einmal ein Deutschlehrer aus Hamburg begegnet, der gar nicht wußte, was ein Konjunktiv ist, und als ich es ihm erklärte, meinte er unschuldig: Ja, so altertümliches Zeug, das klingt ja wie aus dem Gebirge, wo sie noch mit Kröpfen herumlaufen, wer spricht denn so?

Das ist fürchterlich. Ich meine: für mich. Sie finden's nicht so schlimm, das weiß ich, und wahrscheinlich haben Sie recht, aber das nützt mir nichts. Ich kann nicht aus meiner Haut. Ich leide. Kommafehler oder Druckfehler sind nie so schlimm. Ich sage mir: der Setzer wird nicht aufgepaßt haben, oder: der Autor weicht bewußt von den Regeln ab. Das gibt es. Aber ein falscher Konjunktiv ist ein falscher Konjunktiv, ein Beweis für sprachliches Unvermögen, für einen Defekt, ob der Sprechende es weiß oder nicht. Und dafür gibt es keine Entschuldigung, auch nicht die der konjunktivkranken Herkunft, denn sonst müßte man den Norddeutschen das Fehlermachen ebenso zugestehen wie den Schweizern und Österreichern und schließlich noch allen Süddeutschen dazu, die einmal im Konjunktiv-Ausland gelebt haben oder von solchen Ausländern beeinflußt sind. Seit ich auf den Konjunktiv achte, merke ich: es ist alles voller Konjunktivfehler. Schriftsteller, die ich früher gern las und weiterempfahl, sind mir nun in der Seele zuwider: Gotthelf, Frisch, Nossack zum Beispiel; und andere, mit denen ich fertig zu sein glaubte, kommen wieder zu Ehren, zum Beispiel Thomas Mann. Ach, wie der den Konjunktiv beherrscht – es ist eine Labsal!

Das alles ist absurd. Ich weiß. Doch es nützt mir nichts, daß ich es weiß. Behaupten Sie ruhig, der *Stiller* werde doch dadurch kein schlechter Roman, daß Ludwig Anatol statt *sei* immer *wäre* sagt – mich stört's einfach, es geht mir auf die Nerven, ich zucke zusammen bei jedem falschen *wäre*, das *wäre* macht mich blind für alles drumherum, und ich nehme es Frisch übel, jawohl, gewaltig übel, daß er das nicht weiß. Denn müßte er es nicht wissen? Sie sind doch Schweizer, Herr Grinzinger. Sagen alle Schweizer *wäre* statt *sei*? Von *hätte* statt *habe* will ich gar nicht reden. Fast glaube ich, daß sie den Unterschied nicht kennen, ihn nicht spüren, denn sonst hätte mir nicht zustoßen können, was mir tatsächlich zugestoßen ist, letzte Woche in Ascona, in der Buchhandlung, in der einzigen, die es außer Koks Antiquariat gibt. Ich stand im Laden und blätterte Neuerscheinungen durch und stieß auf einen Roman eines mir sonst unbekannten Schweizer namens Gerhard Meier. *Der Besuch*. Ich war mit einemmal wie elektrisiert, als ich nämlich den Klappentext las, denn dort versprach der Autor einen Roman ganz im Konjunktiv. Die Welt, die er darzustellen habe, schrieb er, sei so indirekt, daß er sie nur im Konjunktiv darstellen könne. Ein ganzer Roman im Konjunktiv. Hatte ich davon nicht immer geträumt? War mir nun dieser Meier zuvorgekommen? Aber egal – ein Bruder im Geiste!

Und dann die grausame Enttäuschung. Ach was, das ist gar kein Ausdruck. Wie verrückt vor Gier begann ich zu lesen und wurde gleich vor den Kopf geschlagen: nach zwei richtigen Konjunktiven schon der erste falsche. Und wie falsch, wie entsetzlich falsch! Ich schrie. Der falsche Konjunktiv saß in mir wie ein Messer. Ich feuerte das Buch gegen die Wand. Ich hatte es nur auf den Ladentisch schmettern wollen, aber die Empörung ließ mich weiter ausholen, mein Armmuskel riß mich nach hinten, und unglücklicherweise tat sich die Wand auch noch auf, es war da eine Tür. Das Buch flog einem Herrn, ich glaube dem Geschäftsinhaber, mitten in seine belletristisch gebügelte Fresse. Am schlimmsten war natürlich, daß ich ob des unverhofften Erfolgs lachte. Als hätte ich den Gerhard Meier getroffen. So war mir auch, ich weiß nicht warum; ich war ganz verblüfft, daß es doch nicht der Meier war, sondern ein Herr Eggimann, der mir zwanzig Franken abknöpfte für das beschädigte Buch und mich dann hinausschmiß. Erst draußen auf der Straße merkte ich, daß ich das hundsföttische Buch nicht mitbekommen hatte, obwohl es doch bezahlt war und mir gehörte, und das ärgerte mich am meisten, denn ich hätte es gern zerfetzt und die Fetzen allen konjunktivkranken Eidgenossen ins Gesicht geworfen; die Straße war voll von ihnen, es hatte sich ein Auflauf gebildet: *So en Chaib, däsch verruckcht.* Wahrscheinlich ist zum erstenmal jemand aus einer Buchhandlung hinausgeworfen worden, man kennt derlei doch eher von Wirtschaften und Spielbanken. Der Herr Eggimann stand auch noch immer in der Ladentür und schimpfte, vermutlich vor allem, weil er gar nicht wußte, weshalb ich ihm Meiers Schundroman an den Kopf geschmissen hatte. Das wollte ich ihm nun sagen und fing an, ihm den Konjunktiv zu erklären, dem Trottel, aber zuerst begriff er überhaupt nichts, und dann wurde ich von Polizisten daran gehindert, die mich am Arm packten und abführten, auf eine Amtsstube, wo sie mich der Trunkenheit verdächtigten. Es dauerte lange dort. Konjunktiv statt Schnaps, der Fall war ganz neu und ging den Ordnungshütern nicht ein.

Buhl hat hier, merkwürdig genug, ein Gespräch mit Grinzinger niedergeschrieben und es mitten in sein Manuskript hineingepflanzt. Daß Mürzig Buhls *alter ego* ist, ein verkonjunktivierter Buhl – keine Frage. Aber warum hat Buhl nicht einfach Mürzig das alles erleben lassen? Wollte er's vielleicht noch umschreiben? Die Lektüre wird schwieriger; ich weiß nicht, welchen Sinn es haben soll, Buhl und Mürzig auseinanderzuhalten. Irgendeinen Sinn muß es wohl haben, aber leicht ist's nicht.

Die neue Kollegin fiel nicht nur mir auf. Weiß der Kuckuck, woran es liegt, daß Lehrerinnen, von einem gewissen Alter an, immer Brillenschlangen oder zu kurz gekommene alte Jungfern oder forsche Mannweiber sind.

  So läßt Buhl seinen Mürzig reden. Mag sein, er wollte ihn unausgeglichen zeigen. Vielleicht sagte er sich, Mürzig dürfe nicht zu abstrakt werden, nicht ganz im Konjunktiv aufgehen. Also verpaßt er ihm einen saloppen Ton und eine Affäre. Lächerlich oder gar mitleiderregend soll Mürzig nicht sein, man soll ihn ernst nehmen. Aber ist das der richtige Weg?
  Ich gäbe viel darum, wüßte ich, ob das Folgende frei erfunden ist, lediglich dazu bestimmt, Mürzig als Menschen aus Fleisch und Blut hinzustellen, oder ob mehr dahintersteckt und wieviel und was. Buhl sagt es nicht. Da könnte nur

Else weiterhelfen – falls sie betroffen ist. Aber Else nach Else fragen?

Buhl fährt fort: Ich, Mürzig, bin wahrhaftig auch kein Prachtexemplar von Mann, aber warum gibt es das nicht: eine Lehrerin, die einfach nur eine ganz normale Frau ist? Nichts Besonderes, ach Gott, nur leidlich sympathisch, unverklemmt, kein Typ *Wollstrumpf-Mittelscheitel-handgewebte Bluse-Sportschuhe*, ohne Solotrompeter-Stimme... So dachte ich, so dachten bestimmt auch viele meiner Kollegen; man muß nicht unbedingt Junggeselle sein, um solche Wünsche zu haben – und nun ist sie da, heißt Frau Zender, sieht nett aus, wenn sie lacht, und sie lacht auch, hat nicht stets Falten grimmiger Entsagung um den Mund, schreit nicht, lispelt nicht und flötet nicht: das also gibt es.

Es ging ein Geraune durchs Lehrerzimmer, nachdem sie vorgestellt worden war, leise, aber es klang, als müßten bewundernde Pfiffe unterdrückt werden. So wenig verwöhnt sind wir hier mit akzeptabler Weiblichkeit.

Da sie dieselben Fächer unterrichtet wie ich, war das nähere Kennenlernen kein Problem. Gehen wir einen Kaffee trinken? Frau Zender sagte ja. Sie ist sogar dankbar, sie hat bisher nicht an der reformierten Oberstufe unterrichtet, sie fragt eine Menge, will alles wissen über das Punktsystem, die Lehrpläne, die Bestimmungen, über unsere, über meine Erfahrungen. Wie reagieren die Schüler? Leisten sie mehr? Fühlen sie sich wohler? Stimmt es, daß die meisten nicht die Fächer wählen, die sie mögen, sondern jene, in denen sie die meisten Punkte scheffeln können? Mein Gott, wäre ich froh gewesen, wenn ich Mathematik hätte abwählen können. Das ist doch was. Dafür kann man schon ein bißchen mehr Nachmittagsunterricht in Kauf nehmen.

So haben wir uns abgetastet. Nachher, in der Weinstube,

sprach sie von sich. Sie ist geschieden. Das hatte ich mir gedacht. Eine Frau wie sie bleibt nicht ledig.

Eine Frau wie Sie – ich sagte es und fügte hinzu: Nur eins stört mich an Ihnen. Daß Sie rauchen.

Ich wollte sofort eine Entschuldigungsfloskel hinterdreinschicken: wenn Sie mir diese Offenheit gestatten, wenn Sie mir diese Überempfindlichkeit nicht übelnehmen, oder sowas. Aber ehe ich dazu kam, errötete sie, nein: es überlief sie dunkel. Ich war verlegen und entschuldigte mich wortreich: Eine Art Allergie, ich bekomme sofort Kopfweh –

doch das half wenig mehr. Wir saßen beide da wie begossene Pudel und begütigten uns gegenseitig. Sie hatte die Zigarette sofort ausgedrückt, die Packung in der Handtasche verschwinden lassen, als müsse ich auch vom Anblick der Packung Kopfweh bekommen, und da ich noch immer redete und redete, legte sie, wie um mich endgültig zu überzeugen, daß sie mir nichts nachtrage, ihre Hand auf meine.

Das war gut. Sie zog sie zwar sofort wieder weg, nun vollends verwirrt, und entschuldigte sich: Wenn man Kinder hat, ist es nicht immer leicht, umzuschalten auf die Distanz der Erwachsenen –

aber der Abend verlief jetzt mit einemmal ohne weitere Komplikationen. Ich kam, auch meinerseits, noch zum Handauflegen.

In Buhls Heft folgt jetzt eine leere Seite. Vielleicht hat er sich überlegt, ob er die Geschichte sich nicht langsamer hätte entwickeln lassen sollen und ob es ratsam sei, das kaum begonnene Techtelmechtel gleich wieder abzuwürgen, wie er es dann tut:

So hätte es weitergehen können, hätte mich nicht bald etwas anderes weit mehr gestört als eine gelegentliche Zigarette, die sie sich, kaum kannten wir uns näher, eben doch wieder gönnte. Die Geste mit der Hand am ersten Abend – das muß doch mehr als Zufall oder Versehen gewesen sein oder unüberlegte Spontaneität. Nein, falsch: eine spontane Regung war es wohl. Solche Regungen nämlich beobachtete ich an ihr in der Folge häufig. Sie waren stets ein Zeichen dafür, daß Klothilde (so heißt sie oder hieß sie, die Eltern werden den *Nachsommer* gelesen haben) mit der Sprache nicht ganz zurechtkam und dann die Hände zu Hilfe nahm. Sie unterstrich nicht, was sie sagte, mit den Händen wie die Italiener – nein, sie ersetzte Worte durch Gesten, das war rührend und irgendwie hilflos, aber es mißfiel mir.

Ich überlege, ob Else das tut. Ja, manchmal ein bißchen. Kaum, eigentlich. Hat Buhl an Else gedacht?

Sagen wir es doch unverblümt, fährt Mürzig fort: zur Verblümung besteht ja kein Anlaß mehr. Vorbei ist die Zeit, da ich es aus Zuneigung beschönigt oder gar mir selbst nicht eingestanden hätte: sie sprach schlecht. Das hatte einen gewissen naiven Charme, solange ich die ganze Person charmant fand. Ich genoß es auch, Klothilde beizuspringen mit dem rechten Wort, das mir früher einfiel als ihr oder ihr gar nicht eingefallen wäre. Ich half ihr, bei uns wie in Gesellschaft, obwohl es ihr in Gesellschaft nicht immer recht zu sein schien. Ich mußte einfach dieses stottrige Händegefuchtel beenden, das machte mir Spaß, aber manchmal konnte ich den leisen Stich, den ich dabei trotzdem empfand, nicht unterdrücken: Mensch Mürzig, wenn du sie nicht gern hättest, dann fändest du's peinlich. Fanden es andere auch peinlich? Das konnte und wollte ich niemanden fragen, es hatte sich ja auch niemand für Klothilde zu schämen. Heute muß ich mir eingestehen, daß bestimmt kein Mensch außer mir an solch winzigen Hilflosigkeiten Anstoß nahm. Nur ich fürchtete immer, Klothilde falle auf, sie stelle sich bloß, und mich auch, und dabei habe höchstens ich sie bloßgestellt, denn natürlich bekommt ein Fehler, den man verbessert, dadurch erst recht Gewicht.

Hinterher nimmt sich vieles anders aus. Ich frage mich jetzt auch, ob's wirklich so unterträglich gewesen wäre, mit einer Frau zu leben, die nicht immer ganz druckreif spricht. Wer tut das schon? Verlange ich nicht zuviel? Darf man das einmal Erreichte zum Maßstab machen, an dem man andere mißt? Nein, aber man tut es doch. Eine Deutschlehrerin – sie sollte doch, sagte ich mir, Bescheid wissen, schließlich gehört das zu ihrem Beruf. Wie kann sie ihre Schüler verbessern bei Fehlern, die sie selber macht?

Man hat mir inzwischen, und auch früher schon, zu verstehen gegeben, wie unangenehm es den meisten Menschen ist, ständig verbessert zu werden, und wie unbeliebt der sich macht, der es tut. Mein Milchhändler, den ich deswegen wechseln mußte, hat mich einmal saugrob angefahren: Sie Würstchen, was bilden Sie sich denn ein? Was leisten Sie? Glauben Sie, es sei wichtig, was Sie da treiben? Sie mit Ihrer Besserwisserei! Ich verstehe meine Kunden, und sie verstehen mich, mit *wäre* oder mit *sei*, das ist uns egal, davon wird der Butter nicht ranzig.

Der Butter! Es lief mir kalt den Rücken hinunter. Ich konnte dem Mann nicht erklären, daß man zwar trotz falschen Konjunktivs richtig Milch einkaufen kann, daß es aber Fälle gibt, wo die Sprache mehr ist als nur eine Verständigung über einen Liter Milch oder achtzig Pfennige. Ich schwieg also. Aber daß ich schweigen mußte, ärgerte mich derart, daß ich den Laden nicht mehr betrat, und das wiederum hat den Händler so gegen mich aufgebracht, daß er mich seitdem im ganzen Viertel anschwärzt. Sei's drum. Es mag Wichtigeres geben als den Konjunktiv, aber der dümmste Grund für Meinungsverschiedenheiten ist der Konjunktiv nicht. Wäre er nur öfter Grund dafür! Ich hätte mich mit meinem Milchmann gern über *sei* und *wäre* gestritten – daß er gar nicht dazu bereit war, das und nur das hat mich so geärgert.

Ich mache mir keine Illusionen. Die Welt steht auf dem Krämerstandpunkt, und ich kämpfe auf verlorenem Posten. Ich möchte bloß wissen, ob das schon immer ein verlorener Posten war, oder ob er jetzt verloren geht. Wie hat man vor zweihundert Jahren gesprochen? Beherrschten die Leute damals den Konjunktiv? Oder taten sie's ebensowenig und schimpften oder lachten über Rechthaber und Wortklauber wie mich? Ich lese nach. Die Klassiker. Kleist hat vom Konjunktiv keine Ahnung. Ich werde Kleist nicht mehr durchnehmen können. Keinen *Michael Kohlhaas* mehr. Wozu auch? Bin ich nicht selber einer?

Du machst die Welt nicht besser, sagte Klothilde einmal, du störst sie nur.

Das kann nicht sein. Wäre es so, ich wäre tatsächlich ein Narr. Du bist auch einer, hat Klothilde gesagt, aber damals noch hinzugefügt: ein liebenswerter. Und: die Welt braucht solche Käuze. Aber das war vorher, als sie es auch noch lustig fand, wenn die Grammatik mit ins Bett kam, wenn ich ihre Brüste mit Namen bedachte: *Konjunktiv I, Konjunktiv II.* Das ist wenigstens originell, lachte sie, auf diese Weise nehme ich gern Stunden bei dir.

Klothilde mit ihren beiden runden Konjunktiven ist fort, oder vielmehr: ich bin fort. Und ein Narr bin ich geblieben. Ich bin einer, offenbar bin ich einer, aber nunmehr auf erträgliche Weise: für mich allein.

5

Die erste Begegnung mit Klothilde hätte auch anders verlaufen können. Buhl probiert eine zweite Fassung aus. Warum weiß ich nicht, vielleicht entspricht eine der Wirklichkeit und eine den Irrealis-Träumen, oder sie sind beide erfunden. Ich wäre ein schlechter Zeuge vor Gericht, sagt Buhl. Dort legt man Wert auf Fakten, nicht auf Möglichkeiten. Oft habe ich gelesen, daß ein Angeklagter schon abgelegte Geständnisse später widerrief, und zwar durchaus nicht immer, weil er sich einen Vorteil herauslügen wollte, sondern weil er inzwischen zweifelte: Wie war das? Wie hat sich die Geschichte zugetragen? Wann habe ich mir zurechtgelegt, wie sie sich zugetragen hat oder zugetragen haben müßte: gleich nachher, später, erst jetzt?

Nehmen wir an, schreibt Buhl, Mürzig habe eine Weile gebraucht, bis er den Mut fand, Frau Zender zum Essen einzuladen. Zwei Wochen oder so. Nicht nur ins Café, nein, richtig zum Abendessen mit Hintergedanken. Warum? Weiß Gott, es hatte sich in ihm angestaut, der Wunsch war zu stark geworden für eine Tasse Kaffee, man geht da womöglich nach einer halben Stunde auseinander, hat nichts erreicht und ist noch weiter vom Ziel entfernt als zuvor.

Frau Zender, schreibt Buhl jetzt im Präsens, nimmt ohne Umschweife an. Sie freut sich. Gehen wir eine Pizza essen? Eigentlich hatte Mürzig etwas Feineres vorschlagen wollen, aber wenn sie Pizza essen will, warum nicht, vielleicht finden wir eine Pizzeria, in der es nicht nach verbranntem Öl stinkt, *Pizzeria* klingt zwanglos, und zwanglos bringt sie's vor.

Sie ißt auch, ohne sich Zwang anzutun, mit kräftigem Appetit, bestellt sich noch eine zweite, größere, *quattro stagioni*, mit einem Artischockenherz in der Mitte, das holt sie sich zuerst heraus, schiebt es genüßlich im Mund herum.

Lustig, sagt Mürzig, ich kann Frauen nicht ausstehen, die nur ihre Linie im Kopf haben und immer Mäuseportionen essen. Da vergeht einem die Freude, man bekommt ein schlechtes Gewissen.

Buhl notiert: Ausmerzen. Belangloses Geschwätz. Umschalten in die erste Person. Mürzig von innen. Überhaupt: Mürzig muß wieder Mürzig werden.

Wir bleiben noch sitzen und sprechen bei italienischem Rotwein über alles mögliche. Der Kellner hat zuerst ein scheußliches Gesöff aufgetragen, *Valpolicella* hieß es auf der Karte. Ich bestelle einen *Barbera* und erzähle Frau Zender von den Piemonteser Weinen.

Ich war noch nie in Piemont.

Im Piemont, verbessere ich, gehe aber rasch drüber weg, als ich sehe, wie sie stutzt und mich mustert. Nun ist es eine Viertelstunde lang ein Drumherumreden, wir haben den Faden verloren und tun beide so, als hätten wir meine dumme Korrektur längst vergessen.

Später wird sie gesprächig. Man erfährt nie so viel von einer Frau wie beim ersten gemeinsamen Essen. Sie weiß noch nicht recht, worüber sie mit ihrem Partner reden soll; sie probiert es aus. Das habe ich irgendwo gelesen, und es bewahrheitet sich prächtig. Oder so prächtig doch wieder nicht, denn wir parlieren immer noch um des Parlierens willen und haben Angst vor den Pausen. Ich wenigstens, ich habe Angst. Ich glaube, Frau Zender spürt meinen Ton gewollter Beiläufigkeit und versucht so zu tun, als spüre sie ihn nicht. Ach was, Mist.

Die Pause kommt doch. Ich gebe es auf, Konversation zu machen. Es ist schon spät. Wir sitzen in einer Nische, in der uns der Kellner nur sehen kann, wenn er seinen Platz hinter der Bar verläßt. Dort hockt er und löst Kreuzworträtsel. Ich nehme an, wir sind längst die letzten Gäste. Ich stehe auf und setze mich neben Frau Zender. Sie hat keine Zeit, Verblüffung zu zeigen, sie rutscht und macht mir Platz. Dem Impuls, ihr den Arm um die Schulter zu legen, widerstehe ich, und als ich mir klarmache, daß ich besser nicht hätte widerstehen sollen, ist es zu spät dafür.

Sie greift nach dem Weinglas und trinkt. Bewegungen helfen, man sitzt nicht so dumm da, als warte man, daß etwas geschehe. Und es geschieht etwas. Ich sage *es geschieht*, weil ich das nicht gewesen sein kann. Ich lege nämlich meine Hand auf ihre Brust. Nein – ich berühre sie zuerst mit den Fingerspitzen, dann erst umschließe ich die Brust mit der Hand. Frau Zender rührt sich nicht. Ich spüre ihr Herz schlagen; es schlägt ganz ruhig. Sie sitzt einfach da und läßt es geschehen.

Vielleicht habe ich damit gerechnet, daß sie etwas tut: meine Hand entfernen, sanft natürlich wie in einem besseren Kitschroman, *sanft aber mit Nachdruck*. Oder mir entgegenkommen. Ein bißchen Zärtlichkeit. Oder ein bißchen Widerstand. Aber sie sitzt einfach da.

Ich nehme meine Hand wieder fort. Schließlich kann ich nicht ewig Frau Zenders Brust befühlen, es sieht sicher sehr komisch aus. Der Schüler Mürzig hat einen Fehler gemacht, sage ich. Mangelhaft.

Sie wendet mir ihr Gesicht zu. Es zuckt in ihren Mundwinkeln. Nein, sagt sie, allenfalls einen Ausdrucksfehler. Sonst aber ganz gut.

Und küßt mich. Schnell. Spitz. Doch immerhin.

Jeder andere Mann hätte nun die Grammatik beiseitegelassen. Warum nur muß ich Unglücklicher versuchen, das Spiel noch weiter zu treiben, zumal mir nichts Geistreiches mehr einfällt, nur dummes Zeug, das ernüchternd wirkt, selbst wenn da auf beiden Seiten viel guter Wille ist? Ich brauche drei Anläufe, um das halbwegs wieder auszubügeln. Wir wechseln das Thema, ich setze mich sogar wieder auf die andere Seite des Tisches, und daß wir uns doch noch näherkommen an diesem Abend, ist nicht mein Verdienst, sondern hat wohl nur damit zu tun, daß Frau Zender einfach gewollt hat, von Anfang an.

Ich sage schon wieder *Frau Zender*, so lange ist das her, auch wenn es noch gar nicht lange her ist. Weit weg eben. Die Sprache kann viel, sie schiebt nicht nur Vergangenheiten dazwischen, sondern auch Nachnamen an die Stelle von Vornamen, das Siezen an die des Duzens. Schon ist die Hälfte nicht mehr wahr, ist fortgerückt, war vielleicht einmal, vielleicht auch nicht, wäre so gewesen, wenn man es sich so vorgestellt hätte, jetzt so vorstellte, irgendwann so vorstellen würde. Wie hat es sich abgespielt? Was? Buhl überlegt kurz, daß er noch eine dritte Fassung ausprobieren könnte, aber wozu, er muß zuerst einmal klären, wer da spricht, wenn in der ersten Person erzählt wird. Bin ich es, oder bist du es, Mürzig? Und dann muß er seinen Mürzig weitertreiben, was soll das Ganze, Frauen halten Mürzig nur auf. Mürzig weiß das. Er schreibt es auf. In Lutherdeutsch. *Wo ich hingehe, da könnt ihr nicht hingehen.*

6

Liebe Klothilde,
ich kann nicht schweigen auf Deinen Brief. Nicht als ob ich hoffte, irgend etwas wieder einrenken zu können zwischen uns. Aber auch wenn der Abstand so groß ist, wie er nun ist, muß es doch möglich sein, noch von hüben nach drüben zu rufen. Fast will es mir unnatürlich erscheinen, daß wir uns noch duzen; ich sieze viele Leute, die mir näherstehen, auch wenn sie mir nie so nahegestanden haben wie Du.
   Du wirfst mir den Konjunktiv vor: er habe uns entzweit. Du habest (oder *hättest, habest* ist die korrekte Form, *hättest* wäre die des zweiten Konjunktivs, die man heute meist vorzieht, weil *habest* als unüblich, als schon veraltet empfunden wird – entschuldige die Schulmeisterei, aber sie hat mit dem, was ich Dir sagen möchte, zu tun) – Du habest Dich, sagst Du, nicht länger damit abfinden können, daß ich Dich dauernd verbesserte. Nun, ich muß Dich, so leid es mir tut (aber es kommt wohl schon nicht mehr drauf an), noch einmal verbessern: Du hättest besser getan, zu behaupten, daß ich Dich dauern *verbessert hätte*. Mit diesem Unterschied (*verbesserte - verbessert hätte*) drücke ich aus, daß ich es eben doch nicht immer tat, sondern daß nur Du mir dies unterstellst: indem ich Dein Verb in den Konjunktiv der indirekten Rede setze (*hätte* ist zwar die Form des Konjunktivs II, aber diese wird hier als Ersatzform benützt, weil *habe* mit dem Indikativ zusammenfiele), melde ich meine Zweifel an der darin enthaltenen Behauptung an. Du siehst, es macht einen großen Unterschied, welche Form man benützt. Man kann mit einem einzigen Wort und mit einer einzigen Form etwas ausdrücken, wozu sonst ein ganzer Satz nötig wäre. Und eben dies war es, was mich, ich gestehe es, manchmal

(vielleicht auch häufig) dazu trieb, Dich zu verbessern, wie ich es auch mit anderen mir nahestehenden Menschen tat und noch tue (und fast nur mit solchen, denn die ganze Welt zu verbessern habe ich nicht die Kraft). Du aber scheinst anzunehmen, ich hätte Dir meine Überlegenheit demonstriert, hätte stets meinen Gesprächspartnern nur ihre Fehler genüßlich unter die Nase reiben wollen. Ja, Du wirfst mir geradezu vor, daß ich Lehrer nicht nur in der Schule sei, sondern überall, auch da, wo man mich nicht darum bittet und wo meine Schulmeisterei fehl am Platze sei. Auf diesen Vorwurf bin ich – denk Dir – stolz. Denn was für ein Lehrer wäre ich, wenn ich die beiden Sphären säuberlich zu trennen vermöchte, wenn ich den Lehrer mit dem weißen Mantel ausziehen und an den Haken hinter der Klassenzimmertür hängen könnte? (Ich spreche bildlich, was den weißen Mantel betrifft; ich trage keinen.) Wäre ich dann noch Lehrer mit Leib und Seele und nicht vielmehr ein jämmerlicher Sklave, der nur um des Broterwerbs willen unterrichtete? Was hieltest Du von einem Arzt, der nicht mehr Arzt sein will, sobald er die Tür seiner Praxis hinter sich zugezogen hat, der bei einem Unfall auf der Straße nicht hülfe und die Verletzten liegenließe? Falsche Konjunktive, siehst Du, das sind meine Unfälle. Sie mögen in Deinen Augen ungefährlich sein. Ich weiß, daß ich Dich vom Gegenteil nicht überzeugen kann; wir haben oft genug darüber diskutiert.

Nein, Klothilde, wenn ich Dich auf Fehler hinwies, so tat ich's nur, weil ich wollte, daß insgesamt und allgemein und mithin auch von Dir besser gedacht und gesprochen würde. Dieses Passiv ist mißverständlich, wie mir eben jetzt beim Schreiben aufgeht. Ich meine natürlich: alle Leute sollten besser denken und sprechen. Ist dies, ich frage Dich, ein so verdammenswerter Wunsch?

Ich weiß, was Du antworten würdest, wärest Du jetzt hier: Ich hätte es einfach übertrieben, hätte nicht mehr zu unterscheiden gewußt zwischen Korrekturen, die man hinzunehmen bereit sei, und solchen, die einfach nur noch lästig erschienen, ärgerlich, unerwünscht, selbst wenn ihre Berechtigung auf der Hand liege. Vielleicht würdest Du sagen, man rufe ja auch nicht im Konzert laut dazwischen, sobald ein Musiker sich vergreife. Aber wäre es – wiederum frage ich Dich in allem Ernst – nicht besser, man täte es, damit man dieselbe Stelle noch einmal und jetzt richtig zu hören bekäme? Der Ärger, den ich in mich hineinfressen muß, wenn ein Fehler so einfach unverbessert stehenbleibt, als sei die Welt weiterhin in Ordnung, als seien nicht soeben Gesetze gebrochen worden, auch wenn es keine Polizeigesetze sind – zählt der nicht? Daß eine Note falsch gespielt worden ist, daß mein Empfinden Schaden leidet dadurch – zählt das nicht? Ich habe einmal in einem Konzert laut aufgeschrien bei einem Fehler des Hornisten. Natürlich wurde weitergespielt, und nach dem Konzert meinte eine Dame, die neben mir gesessen hatte, mein Schrei sei unangemessen gewesen, denn wenn ich mein Ziel erreicht hätte, nämlich die nunmehr korrekte Wiederholung der Stelle, so wäre doch der Fluß des Ganzen gestört gewesen, und das sei weit schlimmer als ein falscher Ton. Zugegeben, das Argument hat etwas für sich, wenn auch nicht für mich, denn in meinem Kopf ist der Fluß des Ganzen nicht nur gestört durch den falschen Ton, er ist dahin und kann nur durch die Korrektur wiederhergestellt werden. Aber hier wird der Vergleich schief, denn ein unterbrochener Satz in einem Gespräch bedeutet keine Störung des Ganzen, im Gegenteil, der richtig eingesetzte Konjunktiv macht das Ganze erst verständlich. Ein falscher Konjunktiv in einem Satz – das wäre, aufs Konzert übertragen, mindestens so schlimm wie eine falsche Tonart, oder wie Dur statt Moll.

Man hat mir immer wieder vorgehalten, und auch Du hast das getan und tätest es, wärest Du jetzt hier, vermutlich noch einmal, ich verlangte Unmögliches, denn mein Eifer, immer und überall für den richtigen Konjunktiv zu kämpfen, stehe in keinem Verhältnis zu dem, was geschehen müßte, wollte man mich zufriedenstellen. Wenn ich das höre, bezwinge ich mich gewaltsam, um nicht in Wut zu geraten. Wo steht geschrieben, daß Verstöße gegen den Konjunktiv oder überhaupt gegen die Sprache leichter wiegen als andere Sünden? Wäre ich gläubig, ich fügte dem Dekalog als elftes Gebot und Coda die Forderung hinzu: *Du sollst keinen falschen Konjunktiv benützen.* Ich übertreibe absichtlich, ich mache mich lächerlich, aber vielleicht entdeckst Du hinter solcher Übertreibung, daß richtiges Sprechen doch wichtiger ist, als man gemeinhin zugeben möchte. Ein falscher Konjunktiv ist keine Sünde, er verletzt keine Moral, aber er verstößt gegen eine Regel, und das läßt sich durchaus vergleichen. Warum werden Übertretungen von Verkehrsregeln mit Geld- und sogar Gefängnisstrafen geahndet, die von Grammatikregeln dagegen nicht? Wenn ein Ordnungshüter mir zehn Mark abknöpfen will, weil ich bei Rot einen Zebrastreifen benützt habe, obwohl weit und breit kein Auto in Sicht war, und dies womöglich noch damit begründet, ich hätte Schulkindern ein schlechtes Beispiel gegeben, und wenn er auf meine Frage, wie der betreffende Paragraph heiße, antwortet, er könne ihn auswendig, und zitiert: in der Straßenverkehrsordnung stehe, es *wäre* verboten –

siehst Du, Klothilde, dann will ich dem Mann auch zehn Mark abknöpfen dürfen, denn daneben standen noch immer die Schulkinder und haben den falschen Konjunktiv gehört.

Aber selbst wenn sie nicht dabei gestanden hätten, und selbst wenn es sich um viel mehr handelte als um ein nicht beachtetes Rot: entsteht bei einem Auto ein Blechschaden, wird ein Kotflügel eingebeult, so ist das in meinen Augen nicht schlimmer, als wenn ein deutscher Satz verhunzt wird, nein, sogar weniger schlimm. Denn ein Kotflügel ist nur ein Stück Blech; in der Garage warten schon Stapel genau gleicher Kotflügel darauf, Ersatzteil spielen zu dürfen; der deutsche Satz, der verhunzt worden ist, wäre dagegen vielleicht ein einmaliges Gebilde gewesen, ein Kunstwerk, zumindest aber etwas Richtiges und Gutes, im Rang viel höher als ein Stück Blech, und nun ist er verdorben, für immer, bleibt verdorben stehen, unverbessert, und alle, die den Satz gehört haben, dürfen ihn oder müssen ihn sogar für richtig halten, nehmen ihn sich gar als Vorbild, bilden andere, ebenso falsche Sätze danach, und es kommt, wozu es weithin schon gekommen ist: nicht nur ein Satz wird verhunzt, sondern die ganze Sprache. Denn wer benützt den Konjunktiv noch korrekt? Manchmal frage ich mich, ob ich nicht längst der einzige bin. Es glaubt sich jedermann berechtigt, mit ihm umzuspringen, wie ihm beliebt, und Leuten, die auf Fehler hinweisen, auf das Unrecht, das da der Sprache geschieht, auch noch den Mund zu verbieten oder doch zumindest ihr Bemühen ins Lächerliche zu ziehen.

Das hast Du nun auch getan mit Deinem Brief, und darum hätten sich unsere Wege in jedem Fall trennen müssen, denn wie könnte ich mich in Liebe verstehen mit einem Menschen, der Dinge, die mir wichtig und teuer sind, so ganz verachtet, der gesetzte Ordnungen nicht anerkennt, ja nicht einmal bereit ist, zu prüfen, ob in diesen von ihm verworfenen Ordnungen nicht doch ein Sinn ist? Drum leb wohl. Heirate einen Mann, der *sei* und *wäre* durcheinanderschmeißt, daß es dem Teufel graust, schmeiß wacker mit und sei dabei glücklich, wenn Du kannst. Ich werde es nicht hören müssen, nicht mehr, auch Deinen Spott nicht. Spotte also, wann immer Du Lust hast, erzähl Deinen Kindern später, da *wäre* einmal einer gewesen, der *hätte* immer darauf bestanden, daß – und so weiter. Ach leb wohl.

7

Grinzinger fehlt mir. Schon gut vierzehn Tage hat er mich nicht mehr besucht. Wollte ich mich auf meine Arbeit konzentrieren, käme ich vorwärts mit meinem Roman – ich müßte froh darüber sein. Aber den Roman habe ich aufgegeben. Vielleicht schreibe ich einen andern, über Buhl. Aber auch wenn ich das nicht tue, Buhl beschäftigt mich, und Grinzinger ist der einzige, von dem ich etwas über Buhl erfahren kann, den ich fragen kann. Else könnte ich das nicht, selbst wenn sie hier wäre. Doch Else ist weit.

Heute habe ich seit langer Zeit wieder einmal das Radio eingeschaltet und Nachrichten gehört. Österreich. Dabei war von Wien die Rede und von verschiedenen Wiener Vororten. Einer heißt Grinzing. Das wußte ich nicht. Grinzingers Vorväter stammen also vermutlich von dort. Ein Schweizer aus Wien. Mein Elektromeister hat so gar nichts Wienerisches. Oder was ich mir unter Wienerischem vorstelle.

Weiß Grinzinger, daß ich Buhls Hefte lese? Weiß er, daß es diese Hefte gibt? Ich glaube, ich habe nie mit ihm darüber gesprochen, und im Augenblick könnte ich nicht einmal sagen, ob dies Absicht war, oder ob ich mit Buhls Heften erst seit Grinzingers letztem Hiersein begonnen habe. Der Nebel frißt das Zeitgefühl. Er frißt alles, das Draußen, die Welt dahinter. Auf der anderen Seeseite geht es hinter den Bergen nicht mehr weiter. Manchmal habe ich Mühe, mir klarzumachen, in welcher Jahreszeit ich lebe. Frühling, Sommer – mit Buhls Fortgehen hat das nichts zu tun. Buhl ist nicht in die Welt hinausgezogen, weil ihn das Wetter lockte oder weil ihn frische Kräfte trieben, Buhl ist kein Abenteurer. Er hat Ameisen beoabachtet und Rosen gezüchtet und einen Turm gebaut. Sonst weiß ich wenig über ihn, aber wenn ich auch nicht weiß, warum er fort ist – so einfach ist er nicht fort, bloß so. Wenn er abends bei mir am Feuer sitzt, oder wenn ich sonst an ihn denke bei der Lektüre seiner Hefte, dann glaube ich, je länger desto mehr, in einen Spiegel zu schauen. Oder besser: lange habe ich das geglaubt. Seit kurzem bin ich mir nicht mehr so sicher. Ich entdecke einen Buhl, der mir fremd ist, aber immer noch entdecke ich dabei auch mich selber. Auch ich werde mir fremd. Oder werde ich von Buhl entdeckt? Nein, das ist Unsinn, Buhl kann mir auch keinen Spiegel vorhalten. Warum sollte er?

Ich kann es drehen wie ich will – daß ich auf solche Gedanken komme, ist seine Schuld. Er ist da und treibt sein Spiel mit mir. Er bringt es fertig, mich mit Beschlag zu belegen, ich kann nichts tun. Dieser Turm gestattet kein Ausweichen. Ich kann hier auch, trotz der vielen Bücher, kaum lesen. Läse ich irgendein Buch, wäre es eine Flucht vor Buhls Heften. Aber auch an Buhl denken bringt mich nicht weiter, es prallt alles ab an den runden Wänden und kehrt zurück.

Eine Zeitlang ging es gut. Ich rechtfertigte mich und glaubte mir: wenn ich mich mit Buhl beschäftige, kommt das auch mir zugute. Buhl war mein Vorgänger in diesem Turm, mein Vorgänger bei Else, und wer weiß wo und bei wem sonst noch. Ich müßte von Buhls Irrtümern lernen können. Aber schon weiß ich: das hat keinen Zweck. Es hilft mir nicht, wenn ich in seinem Leben herumstöbere. Buhl ist mir immer ein Stück voraus. Einholen müßte ich ihn. Aber dazu müßte ich wissen, wohin er ist, warum er fort ist. In seinen Heften entgleitet er mir. Hat er sie dagelassen, um Vorsprung zu gewinnen: lies, mein Lieber, damit ich rennen kann und nicht fürchten muß, du könntest mich einholen?

Else würde protestieren. Für sie war es nie ein Ausweichen, wenn sich jemand so stark mit anderen beschäftigte. Im Gegenteil, würde sie sagen, darin besteht doch der Sinn des Lebens: andere verstehen lernen, für andere da sein. Solange du das nicht begreifst, bist du ein Gefangener deines armen Ichs, ein unfruchtbarer, introvertierter Egoist, ein –

wie edel klingt das, und wie falsch ist es! Falsch, für mich, weil ich außer mir nicht sein könnte. Auch Buhl konnte das wohl nicht, und Else muß es gespürt haben. Ihre Predigten waren Versuche, Menschen zu ändern, die sich weder ändern lassen wollten noch konnten. Sie hat sich aufgebäumt, sie fand keinen Zugang zu diesen wandelnden Türmen und verlangte von ihnen: legt euch hin, seid Brücken.

Elses Predigten. Sie predigte nicht oft, aber wenn sie einmal zu predigen anfing, dann ersparte sie mir nichts. Hör doch auf, Mensch, immer nur dich selbst zu sehen und die anderen nur in Beziehung zu dir. Für dich zählt nur, was dich interessiert. Du siehst alles und alle nur durch deine verdammte Egoistenbrille. Wenn andere von sich erzählen, von ihren Problemen, dann schaltest du ab, du filterst, man sieht es dir förmlich an, wie du an anderes denkst und abwartest, ob noch etwas kommt, das anzuhören sich lohnt. Und du merkst gar nicht, wie arm du bist und um was du dich bringst. Du bleibst in deinem engen Kreis. Der genügt dir, das hältst du für einen Vorteil, aber es ist erbärmlich. Du müßtest einmal Schiffbruch erleiden und auf eine Insel geworfen werden, und dort müßtest du die Sprache der Eingeborenen lernen müssen, weil du sonst verhungern würdest; du dürftest nur überleben können, wenn du lebtest wie sie, damit du endlich herauskröchest aus deinem Schneckenhaus. Was weißt du zum Beispiel von mir?

Nicht viel. Aber in diesem Augenblick konnte ich nicht daran denken, daß ich Else tatsächlich zu wenig kannte, daß sie Anspruch darauf hatte, von mir ernstgenommen zu werden, mit allem, was das bedeuten mag, daß ich, wie sie oft forderte, mehr Zeit für sie haben müßte: bitte, darüber muß jetzt geredet werden. Nein, in diesem Augenblick war mein Abstand zu Else gewaltig. Jetzt, hinterher, frage ich mich, ob sie *herauskröchest* gesagt hat, oder ob ich ihr das unter dem Einfluß von Buhl und Mürzig andichte. Damals fand ich anderes komisch, ungeheuer komisch sogar: wie sie wieder einmal im letzten Augenblick sich selber ins Spiel brachte, nicht nur so als Exempel, weil ihr kein anderes eingefallen wäre, sondern voll Absicht. Man kann mit Else über die allgemeinsten und abstraktesten Themen sprechen, kann sich meilenweit entfernt glauben von jeder praktischen Nutzanwendung – hupp! tut Else einen Sprung und ist bei sich angelangt. Alle Wege führen zu Else. Und mir wirft sie vor, ich konzentrierte mich nur auf mich selbst.

Manchmal, wenn sie mich müde gepredigt hatte (sich selbst müde predigen kann sie nicht), war ich fast bereit, ihr rechtzugeben. Es klang so human. Und waren ihre Forderungen denn nicht begründet? War ich nicht wirklich der Egoist, den sie malte?

Du hättest recht, sagte ich dann, wenn ich wirklich nur für mich lebte. Ein richtiger Egoist genießt seine Ichbezogenheit, sie ist für ihn Lust, und daß andre drunter zu leiden haben, befriedigt ihn insgeheim oder auch eingestandenermaßen. Käme also nichts heraus bei dem, was ich tue – ich hätte keine Rechtfertigung dafür. Nun glaube ich aber – und ich kann nur hoffen, ich bin nicht der einzige, der das glaubt – daß das, was ich tue, getan werden muß, und daß es unendlich viel wichtiger ist, daß es getan werde, als alles, was du gegen mich ins Feld führst. Wenn es etwas taugt, wird es mich überleben, und nach hundert Jahren wird es vielleicht immer noch nützen, und niemand von denen, die noch lesen, was ich geschrieben habe, wird danach fragen, ob es unter Opfern und Frustrationen geschrieben worden ist und wie sehr meine Frau darunter zu leiden gehabt hat. Was für dich wie Egoismus aussieht, ist für mich etwas ganz anderes. Ich stelle mich einer Aufgabe, von der ich glaube, daß sie wichtig ist, und wenn ich sie hinwürfe und mich statt dessen irgendwelchen Menschen widmete, denen ich doch nicht helfen könnte, weil sie es spüren würden, daß ich es nicht aus eigenem Antrieb täte, sondern nur, um mein Gewissen zu beruhigen – wenn ich also andern zu helfen versuchte, ich, der ich nicht einmal mir selber helfen kann – steht es nicht in der Bibel, daß man dergleichen nicht tun soll? – ich hülfe niemandem und richtete auch noch mich selbst damit zugrunde.

Und du bist ganz sicher, daß dies kein Selbstbetrug ist? Daß, was herausschaut, die Opfer wert ist, die gebracht werden müssen, von anderen, von mir, von dir selber auch?

Sicher? Nein. Ich hoffe es nur.

Meist läßt es Else dabei bewenden, aber manchmal fährt sie dann noch ihr stärkstes Geschütz auf. Sie schüttelt den Kopf, ausgiebig, ehe sie weiterspricht. Es knackst nicht in ihren Halswirbeln. Ich habe das einmal nachgeahmt, als ich allein war, dieses Kopfschütteln: bei mir knackst es. Ich vermute, auch bei Buhl hat sie so den Kopf geschüttelt. Sie muß es getan haben; es sieht aus, als sei ihr dieses Schütteln geläufig, als leite es die Argumente ein oder fördere sie zutage, es ist etwas wie das Wiederkäuen bei Kühen; das Kopfschütteln soll mir endgültig klarmachen: sag, was du willst, du bist eben doch ein Egoist.

Es fängt immer mit Buhl an. Bevor wir wußten, daß wir keine Kinder würden haben können, hat mir Else erzählt, wie das mit Buhl war: er wollte keine. Else wollte. Sie hatten keine; Buhl setzte sich durch. Er war genau so ein Egoist wie du, sagt Else, womöglich war er noch schlimmer, denn wenn er mir das vorher gesagt hätte, hätte ich ihn nicht geheiratet.

Warum habt ihr nicht rechtzeitig darüber gesprochen?

Weil ich an so eine Möglichkeit gar nicht dachte. Wo gibt es denn das noch – heiraten und keine Kinder wollen? Buhl hat es mir absichtlich verschwiegen, auch wenn er das nie zugab. Er wollte keine Kinder, er wollte nur mich, und er wußte, ich hätte nein gesagt, wenn ich seine perversen Ansichten geahnt hätte.

Hinterher, als es zu spät war, haben sie ausgiebig darüber debattiert. Es müssen Orgien der Selbstzerfleischung gewesen sein; sie redeten unaufhörlich aneinander vorbei.

Was glaubst du, erzählt Else, wozu er sich verstieg? Kinder in diese Welt zu setzen sei ein Verbrechen, es gebe schon zu viele Menschen. Die heute Geborenen müßten in ihren besten Jahren verhungern, falls nicht vorher Kriege ausbrächen, in denen sie umkämen. Das sei bekannt, jedermann wisse es, nur wahrhaben wolle man's nicht, aber er, Buhl, könne die Augen nicht davor verschließen und Kinder zeugen, denen er eine solche Zukunft, die keine mehr sei, zumuten müßte. Natürlich waren das nur Ausflüchte. Es ging ihm nicht um die Kinder, sondern darum, daß er vor Kindern Ruhe haben wollte, diesen anstrengenden Wesen, die seine Kreise hätten stören können. Gäbe es eine Möglichkeit, Kinder zu bekommen und sie solange einzufrieren, bis Buhl seine großartigen Werke vollendet gehabt hätte, ich bin sicher, er hätte zugestimmt, auch dann, wenn es den Kindern inzwischen noch dreckiger gegangen wäre. Und dann sagte er auch, er brauche keine Kinder, und wenn ich meinte, ich bräuchte welche, dann gäbe ich doch zu, daß ich eine noch viel schlimmere Egoistin sei. Denn wer brauche da wen? Frauen wollten Kinder haben, sie bräuchten Kinder viel nötiger, als diese Kinder, seien sie einmal da, ihre Eltern bräuchten. Das sehe man daran, wie schwer sie, die Mütter, später ihre Kinder freigäben, wie sie sich an sie klammerten und sie zuhause zu halten versuchten. Warum Mütter denn so an ihren Kindern hingen? Weil Kinder für sie der Sinn des Lebens seien. Den wollten sie sich nicht nehmen lassen, sonst stünden sie im Alter da und wüßten nicht mehr, was tun. Denn einen andern Sinn hätten sie nie gekannt. Nimm einer Glucke ihre Küken und sieh, wie hilflos sie herumrennt und sucht. Wenn das kein Egoismus ist, sagte Buhl. Du brauchst das Kind als Selbstbestätigung. Du willst weiterleben. Du willst dich selbst noch einmal, denn du hast Angst vor dem Tod.

Als ich das zum erstenmal hörte, all diese Lehrbuchargumente, bewunderte ich Else. Sie schleppte sich ab, sie lieferte Munition gegen sich selbst. Warum? Hoffte sie, ich würde mich dieser Munition nicht bedienen? Nahm sie etwa an, solche Argumente könnten nur Buhls Argumente sein; sie seien dadurch, daß dieser verrückte egoistische Buhl sich ihrer bedient hatte, schon widerlegt?

Aber sie ließ mir keine Gelegenheit zum Schießen. Sie erledigte Buhls Ansichten auf ihre Weise, und sie muß wohl gemeint haben: gut. Der Ärmste, sagte sie. Wenn wahr wäre, was er da auftürmte, gäbe es längst keinen einzigen Menschen mehr. Wir Frauen müssen ulkige Wesen sein, in euren Augen. Daß man auf sein eigenes Leben verzichtet, sich auffressen läßt von den Kindern, mit Haut und Haaren – das tun wir alles nur zu unserem Vergnügen. So aus einer Art Mutterinstinkt heraus, gegen den wir nicht ankönnen. Buhl sagte ja auch, er könne nicht anders. Wenn er für sich in Anspruch nimmt, es werde von ihm gefordert, daß er so und nicht anders handle, vom Werk, dem er das schuldig sei – Kinder sollen wohl weniger Rechte haben als ein Roman? Und die Frau soll den Wunsch nach Kindern etwa gar als widernatürlich empfinden? Um ein bißchen auf euren Blödsinn einzugehen – wer soll denn eure Romane lesen, in hundert Jahren, wenn wir keine Kinder mehr großziehen?

So haben sie aneinander vorbeigeredet, bis sie es eines Tages müde waren. Vielleicht haben sie sich deshalb getrennt. Else bleibt mir die Antwort schuldig, wenn ich sie danach frage, aber ein Grund, wenn auch nicht der einzige, für die Scheidung wird es schon gewesen sein. Ich weiß noch, wie sie mich das sehr bald fragte, sie war da noch Buhls Frau, und wir kannten uns erst wenige Wochen: Bist du gegen Kinder?

Ich habe nicht ja gesagt. Aber als dann keine kamen, war ich auch nicht unglücklich darüber und verstand Else nicht, die sich nie trösten konnte, immer hoffte und immer ungeduldig wurde. Ungeduldig, das ist kein Wort, das ihren Zustand ausdrückt. Es war eine schleichende Verzweiflung.

Wir werden älter, sagte sie eines Tages. Kinder sollte man jung haben. Später gewöhnt man sich nicht mehr so leicht an sie. Wir sind schon beide nicht mehr die Jüngsten.

Es half mir nichts, daß ich auf andere kinderlose Ehepaare verwies, daß ich fand, man solle die Natur machen lassen, sie wisse schon, was sie tue – Else erschreckte mich mit dem Vorschlag: Dann adoptieren wir eben eins.

Der Turm, Buhls Turm, steht im Nebel vor mir. Ich komme von einem Spaziergang zurück, ich war in Sant'Agata droben. Vor einer Stunde war es noch klar. Man sieht von der Piazza vor der Kirche nach Cannobio hinunter; unter der Begrenzungsmauer, die den Platz einfaßt, fällt der Berg steil ab. Die Stadt lag drunter wie ausgebreitet für eine Vermessung, jedes Haus sichtbar, und ich beobachtete mit dem Feldstecher, wie eben die Kinderschule sich leerte, wie die weißblau kostümierten Bambini nach allen Seiten davonstürmten. Ihr Geschrei hörte ich nicht, dazu ist die Entfernung zu groß, aber ich hörte es doch.

Auf dem Friedhof hinter der Kirche von Sant'Agata gibt es seit zwei Jahren ein Grab, pompöser als alle andern. Dicke weiße Marmorplatten, eine Marmorkapelle darüber, in der eine Fackel brennt. Ein Kind ist da begraben, ein Junge; sein Name und seine Lebensdaten sind in riesigen Goldmajuskeln in den Marmor eingelassen, am Sockel, und im Kapellchen hängt, oval gerahmt, ein Bild des Toten. Ein unentwickeltes Gesichtchen, vielleicht ist das Foto schlecht, vielleicht trifft es: diesem Jungen haben die Eltern seitdem einen maßlosen Kult geweiht. Der Vater verkaufte seinen kleinen Fiat und fährt mit dem Bus zur Arbeit, die Mutter geht putzen, und die Schwester, ein vierzehnjähriges Mädchen, arbeitet in einem Geschäft als Verkäuferin. Sie mußte die Schule verlassen. Und das alles, damit dieses Grab bezahlt werden konnte, und damit die Blumen bezahlt werden können, die sie jeden Tag hinaufbringen. Ich sehe sie an meinem Turm vorbeikommen, Mutter und Tochter, jeden Nachmittag und bei jedem Wetter, sobald die Tochter nach Hause kommt, sie tragen den

Strauß hinauf und beten am Grab und gehen wieder heim, tagein tagaus, seit dem Begräbnis, heißt es. Ich glaube nicht, daß sie je wieder damit aufhören werden. Der Zeitpunkt, an dem sie hätten aufhören können, ist schon vorbei. Der Mann, heißt es, ist nicht mehr damit einverstanden, aber er hat sich abgefunden. Die Frau klammert sich an ihren Kult. Ich male mir aus, wie sie ihren Mann zurechtweist, wenn er leise protestieren will: Was würde Carlo von dir denken, wenn er dich hören könnte! *Mein Papa vergißt mich, mein Papa hat nichts mehr für mich übrig*. Da schweigt der Papa und zahlt.

Grinzinger kennt die Familie, er hat mir die Geschichte erzählt. Der Junge hatte eine elektrische Leitung berührt und stand dabei barfuß in einer Pfütze. Wasser vom Putzen, noch nicht aufgetrocknetes. Er war gleich tot.

Keine Gegend wie die anderen, sagte Grinzinger dazu. Aufwendige Gräber, aufwendige Türme. Wem ist damit gedient?

Denen, die sie bauen, auch nicht?

Er sah mich an.

Doch, aber die zählen nicht.

8

Es ist Frühjahr. Mürzig geht in den Wald. Er läßt den Konjunktiv hinter sich, er gibt ihn ab bei den Büschen am Waldrand. Bitte, Hagebuttengestrüpp, hier zweimal indirekte Rede. Oder er läßt ihn auf den Äckern, wo *der Bauer im Märzen die Rößlein einspannt*. Tut er das wirklich im Märzen? Ist es nicht zu früh im Märzen? Um Ostern gibt es doch noch Fröste, Bodenfröste, die nicht gut sein können für die junge Saat? Er spannt seine Rößlein zwei Monate vor dem Pflügen ein, damit sie bereitstehen, durch die Felder, durch die Auen, durchs Lesebuch.

Bereitstehen, einspannen, pflügen, hinter sich lassen: Verben. Mürzig muß auf die Verben verzichten. Bei jedem Verb knistert es in seinem Gehirn. Das Räderwerk setzt sich in Gang: Konjunktiv I, Konjunktiv II, ob Mürzig will oder nicht, er will ja, im Prinzip, aber doch nicht immer. Ersatzformen ja oder nein, auf die Person kommt es an und auf Einzahl oder Mehrzahl und Schwäche oder Stärke des Verbs. Die meisten sind schwach. Leider. Mürzig haßt schwache Verben. Nur mit starken macht der Konjunktiv Freude. *Büke*, das ist tausendmal schöner als *backte* oder gar *würde backen*. Wer die Sprache liebt, sagt nur noch *büke*. Und er führt obendrein Gelegenheiten herbei für *büke*. Denn die muß man herbeiführen, von allein kommen sie nicht.

Soso, von dem heißt es jetzt auch, er müsse kleinere Brötchen backen. Allein, wer büke nicht gern große?

Schwache Verben sind ein zäher Brei, Sprachstrohdreschen. Die vielen *würde* kommen Mürzig vor wie Prellböcke, auf die der Konjunktiv-Zug aufläuft, wenn er mitten im schönsten Schwung ist: bums, Endstation. Mit starken Verben geht es flott voran, das Umlaut-Signalhorn trompetet den Weg frei: ä-ö-ü! Die Bahnhofsvorstände schauen unter ihren niedrigen Mützenschirmen belämmert dem Zug nach, sie haben nur schwache Verben gelernt.

Also keine Verben. Laß die Verben, Mürzig.

Der Spaziergänger kann das. Er begnügt sich mit dem, was er sieht und hört und riecht, mit Hauptwörtern und Eigenschaftswörtern. Dicke Buchen. Die Märzluft dünn, klar, etwas feucht, würzig. Würzig, Mürzig. Haha. Auch *haha* ist kein Verb.

Dicke Buchen. Das Sprichwort vom Blitz, das falsche, Gewitterratschläge in Konsumzeitschriften, die kostenlos neben den Registrierkassen liegen zum Mitnehmen und unheilschwangere Tips enthalten. Alles umsonst. Buchekkern, nach dem Krieg, damals.

Ich bin nicht Mürzig, den ich spazierengehen lasse, schreibt Buhl, und mache den Unsinn nicht mit. Eben wollte mein Mürzig, in Erinnerung an die Nachkriegszeit, fortfahren: *Zeiten waren das!* Aber nicht einmal eine solche Banalität kann er sich leisten, *waren* ist eine Verbform, sie gehört zum hochinteressanten Hilfsverb *sein*, das eine historische Mischkonjugation aufweist und als einziges Verb überhaupt einen durchgehenden Konjunktiv I hat, kein Zusammenfall mit dem Präsens, nicht die Spur von Zusammenfall. Wären alle Verben so, der Konjunktiv wäre eine Wonne. *Wäre, waren,* wie war das mit *waren? Waren, seien, wären, seien gewesen, wären gewesen, würden sein, würden gewesen sein.* Die unterdrückten Verben ziehen sich zusammen und dehnen sich ganz plötzlich aus, es gibt einen Knall in Mürzigs Kopf, vielleicht knallt es auch draußen, der Blitz fährt in die dicke Buche, und die Buche sollst du suchen, suchen, solltest du suchen, hättest du suchen sollen oder besser nicht suchen sollen. Hättest du sie nicht gesucht, wärst du verschont geblieben. Die Rache der Verben, Mürzig setzt sich nieder am Fuß der dicken Buche, von Verben überschwemmt, ein Verbformen-Gewitterregen prasselt auf ihn herunter; sie haben ihn wieder, die Verben, diesmal gründlich, in den schwierigsten Formen und Zeiten. Mürzig muß dran glauben. Mürzig beißt ins Konjunktiv-Gras. Mürzig hat frech mit dem Gedanken gespielt, sich von Verben freizuhalten, er, der seinen Schülern stets sagte, es gebe keinen kompletten deutschen Satz ohne Verb, ohne Verben sei der Mensch auf rudimentäre Äußerungen des Unwillens oder der Zustimmung angewiesen: buh, bäh, ätsch, nein, pfui, ach wie herrlich! Mürzig wollte allen Ernstes ausprobieren, ob es nicht auch ohne Verben geht. Ein Abtrünniger. Eine Welt nur aus Hauptwörtern und Beiwörtern. Eine statische Welt, in der sich nichts bewegt. Die Verben haben ihn aufs Kreuz gelegt. Sie haben ihn eines Besseren belehrt. Sie haben sich in Erinnerung gebracht. Der Renegat Mürzig als Angeklagter vor dem Tribunal der Verben. Den Vorsitz führt eine dritte Person Singular im zweiten Konjunktiv Futur II Passiv.

Der Waldboden federt. Buhl läßt ihn federn unter Mürzigs Schritten und holt seinen Helden so auf den schwankenden Boden der Tatsachen zurück, soweit von Tatsachen die Rede sein kann oder von ihrem Verlust. Der Verlust wäre Mürzig recht, dazu geht er spazieren. Mir auch, sagt Buhl, nur ist mir die Wirklichkeit nicht abhanden gekommen. Sie hat lediglich an Bedeutung verloren. Ich gestatte ihr nicht mehr, sich aufzudrängen. Ich weise sie in ihre Schranken und sehe dahinter die zweite, die andere. Kein Jenseits, ach nein, auch keine Halluzinationen. Sondern den Konjunktiv. Grammatik als Landschaft. Die blauen Hügel des Möglichen, der ferne Dunst des Vielleicht. Da wird der Vordergrundwald mit seinen dicken Buchen zur Folie, zum dünnen Theatervorhang, den ich nur wegzuziehen brauche, bräuchte – ich tue es nicht. Täte ich es, die Möglichkeit wäre entjungfert, sie hätte ihre Unschuld verloren und ihre Kraft, wäre da, festgelegt, schon tot, böte der Fantasie nichts mehr. Im Märchen sind Baumstämme hohl, es spielt sich darin allerlei ab, oder man gelangt durch sie hinunter ins Feenland, zu den Seekühen oder zu der Straße, die zur blauen Stadt aus Glas führt. Der Boden federt: es ist der lose aufgehängte Theaterhimmel der anderen Welt.

Merkwürdig, schreibt Buhl, daß Märchen immer wieder mit denselben Bildern auskommen müssen, daß anscheinend noch niemand entdeckt hat, was doch jedermann sehen könnte: das schönste Märchenbuch ist die Grammatik, unerschöpflich, voller Hohlwege ins Unbekannte. Ein paar veraltete Verbformen genügen, schon geht es los. Er büke. Was büke er, ließe man ihn? Die Türme, die sich aus der Reisbreimauer rings ums Schlaraffenland erheben. Ihre Wetterfahnen zittern unterm Schwanzschlag grüngoldener Drachen.

Hier bricht Buhl ab. Hinter dem Wort *Drachen* hat er von Hand hinzugefügt: Tatzelwürmer. Und, eine Zeile tiefer: Konjunktiv, Nebel, starke Verben als Stangen, darin herumzustochern.

9

Dem Studienrat Mürzig ist eine Frau zugelaufen. So wie ihm die erste weggelaufen ist, weil sie zu rauchen angefangen und weil Mürzig das nicht geduldet hat: Hätte ich gewußt, ehe ich dich in mein Haus nahm, daß du zu rauchen anfangen würdest, ich hätte dich nicht – gar nie angesprochen hätte ich dich. Nichts ist mir mehr zuwider als diese zwei Dinge an einem Menschen, wenn er *wäre* sagt statt *sei*, und wenn er raucht.

Die neue raucht nicht.

Er hat sie in einem Versandhauskatalog gefunden, sie posierte da für Unterwäsche, für lachsfarbene Trikots, und fiel ihm auf, weil ihre kleinen dunklen Brustwarzen so hübsch durch die transparenten Büstenhalter schimmerten. Neunmal war sie da, sechsmal in Unterwäsche und dreimal in *Sommer-*

kleidern für stärkere Figuren, so nannte das der Katalog. Mürzig nannte es mollig, und mollig mochte er.

Er war skeptisch, als er anrief. So weit hatte er sich noch nicht aus dem Indikativ entfernt, um nicht zu wissen, daß die Modelle in den Katalogen nicht mitverkäuflich sind, aber einen Tag später war die Dame schon da, hieß Gertrud Sonja, und sie fanden einander akzeptabel, bis auf weiteres. Sonja, den Namen müßtest du allerdings ablegen. Damit war sie sofort einverstanden. Sie mußte noch einiges ablegen, zuerst einmal das lachsfarbene Trikot, damit Mürzig prüfen konnte, ob es mit den hübschen Brustwarzen seine Richtigkeit hatte, dann aber und vor allem ihr Kaugummikauen. Ich dulde keine wiederkäuende Kuh in meinen vier Wänden. Zahnpastatuben mußte sie wieder zuschrauben. Nasse Matten vor der Badewanne verbat sich Mürzig gleichfalls, und als sie entdeckten, daß Mürzig nur bei offenem, Gertrud nur bei geschlossenem Fenster schlafen konnte, schliefen sie getrennt. Das war Mürzig ohnehin recht, denn das große Bett, das sie aus demselben Katalog bestellt hatten, erwies sich als durchhängend: es hing da durch, wo Gertrud hineinplumpste, so daß Mürzig, ob er wollte oder nicht, Gertrud entgegenrutschte –

hier hört Buhl auf und schreibt an den Rand: Mist!

Das muß er mir erklären.

Ich zitiere ihn, der Abend ist nebelweiß, da erscheint Buhl bald und ist gesprächig.

Ja, *Mist*, sagt er, ich schrieb das einfach hin und merkte plötzlich, wie albern es war. Ich wollte meinen Mürzig etwas sagen lassen, etwas Wichtiges, wollte ihm einen Partner dazu liefern, einen Zuhörer, und wer wäre dazu besser geeignet als eine liebende Frau? Es fehlt ohnehin an Erotik in meiner Geschichte, auch Einsiedler und Monomanen müssen noch

Menschen sein. Nur den Konjunktiv lieben, das geht nicht. Aber als ich diesen Einfall hatte mit der Katalogdame, geriet mir alles ins Seichte, es hätte immer so weitergehen können, und es wäre nichts herausgekommen als Warenhausware.

Und was wollte Mürzig sagen?

Alles. Er mußte loswerden, was er entdeckt hatte und was ihn zu seiner Entdeckung geführt hatte, aber Gertrud als Publikum, das war nicht nur zu wenig für so viel, das war ein Fehlgriff. Schon Klothilde war einer gewesen.

Buhl macht eine Bewegung, als wolle er nach einem nicht vorhandenen Weinglas greifen, und schaut mich rasch an, ob ich's gesehen habe. Ich nicke. Ich lächle ihm zu. Ein Geist, der Wein trinkt, das wäre nicht schlecht. Wo bleibt der Wein, wenn der Geist sich verflüchtigt? Als Pfütze auf dem Stuhl? Oder kehrt er in die Flasche zurück?

Der Stuhl ist jetzt tatsächlich leer. Buhl hat es vorgezogen, den Zweideutigkeiten auszuweichen. Mir auch recht. Ich will weiterlesen. Sein Mürzig geht dem Ende entgegen, nur noch ein halbes Heft, und ich weiß nicht einmal, ob es vollgeschrieben ist. Ich könnte nachsehen, aber ich blättre jetzt nicht mehr, ich lese.

10

Eine Zeitlang muß Buhl vorgehabt haben, seinem Mürzig die letzte Konsequenz zu verweigern. Er biegt ihn ab. Er läßt ihn übers Ziel hinausschießen, er schickt ihn krumme Wege. Mürzig will nicht mehr nur die Leute zum richtigen Sprechen bringen, er will die Sprache selbst dorthin bringen, wohin sie, wie er findet, gehört. Mürzig haßt die schwachen Verben.

Aber er gibt diesem Haß nicht einfach nach, er läßt ihn nur langsam in sich wachsen, er sucht sich Gründe dafür. Ein Grund ist, daß manche schwachen Verben stark und die starken dafür schwach sind. *Stehen, sitzen, liegen*, diese Verben drücken einen Zustand aus, Passivität, mithin Schwächen; *stellen, setzen, legen* dagegen eine Handlung, also etwas Aktives, Starkes. Ebenso ist es bei anderen Doppelverben, bei *hängen* und *hangen*, bei *stecken* und *erschrecken. Er erschreckte* ist schwach und müßte stark sein, *er erschrak* ist stark und müßte schwach sein.

Aber da kann man nicht mehr viel machen. Das ist so widersinnig wie der männliche Löffel und die weibliche Gabel. Seht sie euch doch an! eifert Mürzig und streckt der Klasse sein mitgebrachtes Besteck entgegen, seht euch diese Formen an!

In Buhls ersten Kapiteln hat sich Mürzig darauf beschränkt, für die aussterbenden alten Konjunktiv II-Formen zu kämpfen, *büke, schlüge, mölke, stürbe*, vor allem für die *ü*-Formen, wo es auch die mit *ä* gibt: *er stünde* ist tausendmal schöner als *er stände*, und wer dafür *er würde stehen* sagt, gehört an einen Pranger mit einem riesigen Schild: *Ich Sprachverhunzer*.

Jetzt geht Mürzig weiter. Er beginnt beim Sprechen darauf zu achten, daß er keine schwachen Verben in der Vergangenheit mehr verwendet. Dieses kraftlose Zeug bleibt ihm im Halse stecken: *er rechnete, er wedelte, er wendete, redete, wechselte, werkelte, tätschelte*. Leerlauf, Langeweile. Auf die Miste damit. Aber selbst die zweisilbigen schwachen Verben läßt Mürzig nicht mehr gelten. *Er holte, sparte, nannte*: warum nicht *er hal, spur, nann*?

Mürzig legt sich Listen an.

Fragen, frug; tragen, trug; sagen, sug; plagen, plug;

backen, buk; hacken, huk;
bieten, bot; mieten, mot;
die Konjunktivformen heißen dann *süge, plüge, hüke, möte.* Das muß nur ganz konsequent durchgeführt werden, dann wird die Sprache wieder kräftig und schön. *Leiden, litt; weiden, witt;* oder *meiden, mied; weiden, wied. Schwellen, schwoll; bellen, boll.* Hüke der Bauer das Feld, wüchse dort mehr, und die Kuh witte dort lieber. Dazu bölle der Hund.

Aber Mürzig begnügt sich nicht mit Analogiebildungen. Weg mit allen schwachen Verben. Mürzig macht sie stark. *Reizen, ritz; heizen, hitz; spreizen, spritz. Er rötze, hötze, sprötze. Blitzen, blotz, geblotzen; schwitzen, schwotz, geschwotzen,* ebenso gehen *erhitzen, flitzen, stibitzen, ritzen* und so weiter. *Verschränken, verschrank, verschrünke; verwehren, verwohr, verwöhre; sperren, sporr, spörre.* Oder so: *stützen, stauz, stäuze; nützen, nauz, näuze.* Die Fremdwörter sind besonders häßlich, die deutscht Mürzig ein. *Frieren, fror, fröre,* demnach auch *integrieren, integror, integröre.* Annulöre jemand diese Neuerungen, er pervertöre die Kraft der zu sich selbst gebrungenen Sprache. So einen, denkt Mürzig, spörre ich ins Gefängnis, der hätte uns geschwochen.

Hier hält Buhl inne. Mürzig sperrt niemand ein, er wird höchstens selbst eingesperrt, ins Irrenhaus. Buhl rettet ihn, er schickt ihn fort, Mürzig wandert aus und gründet eine Konjunktiv-Republik, ein Land weit droben im Gebirg, noch unentdeckt, noch auf keiner Karte verzeichnet, Mürzig-Land. Mürzig wird dort Alleinherrscher sein, wird das Land bevölkern, wird alle Kinder, die dort aufwachsen, in der neuen Sprache erziehen; das werden glückliche Kinder sein und ihre Sprache die reine Musik.

Aber natürlich ist das ein wenig zu einfach. Buhl weiß es. Lächerlich ist es auch, doch das würde Buhl nicht stören, Lächerlichkeit muß da wohl in Kauf genommen werden. Nein, es ist zu einfach, weil ein solcher Mürzig ins Komische ausweicht, weil er keine Anteilnahme mehr fordern kann. Er ist zum Affen geworden, dem man zuschaut, wie er Erdnüsse frißt und sie geschickt enthülst, aber doch ein wenig anders als wir normalen Menschen. Das will Buhl nicht. Buhl streicht das Kapitel. Er streicht es nicht sehr dick durch; es wurmt ihn, daß der hübsche Einfall nichts taugt.

11

Heute nacht hat es lange gewittert. Ich bin ein paarmal aufgewacht und wartete auf den Regen, der nicht kam. Gegen Ende war das Krachen besonders schlimm. Polizisten donnerten gegen die Tür: Aufmachen. Sofort aufmachen.

Sie hatten mich also gefunden. Nicht einmal ein Turm in einer abgelegenen Gegend im Ausland schützt vor dem langen Arm der Gerechtigkeit. Else wird gestunken haben. Ich habe sie in der Diele liegenlassen, zusammen mit dem blutigen Küchenbeil; vermutlich haben Nachbarn die Tür geöffnet, und Else lag da, schon halb verfault.

Jetzt klärt sich, Freundchen, warum du ihr nie geschrieben hast und nie Briefe von ihr bekamst. Der größere der beiden Polizisten grinst. Er sieht aus wie Derricks Assistent. Else hätte dich nicht einfach weggehen lassen, auf unbestimmte Zeit und wer weiß wohin, sie hat sich gewehrt, und da hast du zugeschlagen. Die Axt im Haus, haha. Der Polizist spaßt mit Schiller herum, eine Frechheit.

Daß sie mich gefunden haben, ist normal. Die Flucht in Buhls Turm war nur ein Aufschub. Eine Möglichkeit, Zeit zu gewinnen, eine Spanne Zeit dazwischenzuschieben, bis zur Entdeckung. Else hat ihnen gesagt, wo sie mich finden können. Sie hat ihren halbverfaulten Mund aufgetan und hat sich, wie in einem Kriminalfilm, noch ein paar Worte abgerungen. Danach ist sie den Leuten, die sie in einen Sarg legen wollten, in den Händen geblieben, stückweis, ein Arm, ein Fuß, so faul war sie schon.

Und ich habe inzwischen gehofft. Wenn sie mich nicht fänden. Wenn mich der Turm schützend umgäbe, wie eine mittelalterliche Burg. Wenn Else weiterstänke, bis sie zerfallen wäre, Staub statt Fäulnis. Wenn der Nebel mich ganz verbärge. *Verbärge?* Jetzt hat es mich auch erwischt. Der Konjunktiv. Wenn es mir dies alles nur geträumt hätte. Wenn ich Else nicht umgebracht hätte. Oder wenn ich sie tatsächlich umgebracht hätte.

Einmal geht Buhl in den Nebel hinaus, verläßt seinen Turm und denkt schon unter der Tür: zur Unzeit. Er kehrt auch bald um, weil er die Hand nicht vor den Augen sieht (wenn er sie, gestreckt, weit genug weghält) – die Wege an den Hängen entlang sind zu gefährlich, wenn man mit dem Fuß vorantasten muß, ob sie weiterführen.

Buhl schickt Mürzig aus. Er kennt keine Furcht. Mürzig stellt sich vor, wie das wäre, wenn er stürzte. Wenn er *stürze*. Er macht den Sturz zum Konjunktiv, zum Irrealis, er stößt einen stürzenden Mürzig vor sich her und schubst ihn über den Abgrund. So bleibt man selber heil und ganz.

Später gerät er doch in Gefahr; er verirrt sich und steckt mit einemmal in einem Tunnel, ein Tunnel muß es sein, vielleicht ein ehemaliger Eisenbahntunnel. Mürzig wußte nicht, daß es hier früher eine Bahnstrecke gegeben hat. Er spürt die Schwellen unter den Sohlen, die Schienenstränge sind nicht mehr da, wahrscheinlich hat man sie im Krieg geholt. Alteisen. Massiver Stahl. Im Tunnel ist es stockfinster, aber wenigstens nicht neblig. Die Luft atmet sich trocken. Hat Buhl, mein Herr und Erfinder, je begriffen, daß Konjunktiv und Nebel ein und dasselbe sind?

Nein, hier war keine Bahnlinie, das ist auch kein Tunnel, sondern ein umgestürztes Stück Turm von Babel. Mürzig bewegt sich auf den Leitersprossen aufwärts, er stürmt gen Himmel, das wußte er nicht, bis eben, aber jetzt weiß er's, beugt sich vor in weißer Bestürzung, weiß hinter geschlossenen Lidern, hält sich an einer Sprosse fest. Die Sprachverwirrung. Konjunktiv: Geschlagensein von Gott. Im Kampf mit dem Engel immer der Unterlegene. Jakobsleiter, führest ins Dunkel. Herr, es gibt schon zuviel Sprachen, und der Konjunktiv macht aus jeder zwei.

Buhl holt Mürzig zurück. Ein bißchen magst du taumeln, aber fallen sollst du nicht, ich brauche dich noch. Ich werde einen Zug durch diese Höhle rasen lassen, dann sehen wir gleich, wo er herauskommt, ob's ein Aufzug in den Himmel ist oder ob Jahwe ihn mit dem Daumen nach unten drückt und die Waggons sich zerpurzeln läßt, Nebensätze, die sich von der Hauptsatzlokomotive losreißen, selbständig gewordene Konjunktive. Welcher Konjunktiv stellt einen andern in Frage? Denn das müßte es auch geben wie das Plusquamperfekt zum Imperfekt: Konjunktive zu den Konjunktiven, Verbformen, die immer weiter abrücken und weg und hinaus ins Irreale. *Wenn ihr kämtet, gingten mir,* bis dorthin, wo man sie nicht mehr denken kann.

12

Schulschlußfeier. Mürzig steht in einem Nebenraum hinter der Bühne, die Feier findet im Stadttheater statt, Mürzig hat ein Guckloch in den Saal. Niemand weiß, daß er hier ist und was er vorhat.

Noch muß er warten. Er beruhigt sich, indem er einen Artikel fürs Lokalblatt entwirft, das tut sein Kollege Neubauer, Mürzig flicht ein paar Wendungen ein, die in Neubauers Bericht nicht stehen werden, sicher nicht, der Artikel würde nicht angenommen. *Lehrer, Eltern und Schüler füllten gestern vormittag den Saal des Stadttheaters bis auf den letzten Platz.* Bis auf den letzten Platz, das ist eine Wendung, auf die Neubauer auch dann nicht verzichtet, wenn ganze Reihen leerbleiben. *In dunklen Anzügen und Festkleidern saßen die Abiturienten und Abiturientinnen in den beiden ersten Reihen.* Überflüssig, schreibt Mürzig auf den Rand, den Artikel lesen bloß Leute, die dort waren, und die haben's gesehen. Das erübrigt auch den Rest, den ganzen Artikel – wozu liest man eigentlich, was man schon weiß? *Sie wurden an diesem für ihr späteres Leben so entscheidenden Tag aus der Schule verabschiedet.* Aus der Hand des Direktors. Mürzig denkt an die vielen hundert Joghurtbecher, die durch die Hände dieses Direktors gegangen sind. *Aus der Hand des Oberstudiendirektors erhielten die Abiturienten das Reifezeugnis.* Es nützt nicht mehr viel, das weiß jeder, aber wir alle tun, als sei es noch immer die Garantie für eine Erfolgskarriere. Die Zeremonie ist gleichgeblieben, das Programm rollt ab wie immer, niemand lacht. Aber wartet nur. Gerade ist der erste Beifall verebbt, der für das Schülerorchester. Es hat zwei Sätze aus einer leichten Haydn-Sinfonie exekutiert. Neubauer sollte schreiben: Die Leichen blieben zwischen Stühlen und Notenständern liegen, sichtbar nur den schmerzlich geschlossenen Augen des Musiklehrers, der sich gerade verbeugt. Er hat einen roten Kopf. Schämt er sich gar? Armer Kerl, zu komponieren hat er längst aufgehört, aber manchmal im Suff träumt er noch von einer Kapellmeisterstelle, ein kleines Liebhaberorchester tät's schon, das spornt er zu aufsehenerregenden Leistungen an, er holt aus den Laienmusikern heraus, was gar nicht in ihnen drinsteckt, Plattenfirmen interessieren sich, eine Konzertreise nach Albanien wird geplant. Wieso nach Albanien? Dieses Land möchte er auf der Plattenhülle haben, albanische Hügel, er war mal dort, sie haben ihm gefallen.

Vorsicht, Mürzig, nach diesem Gedichtvortrag bist du dran. Dran wäre zwar der Direktor, aber so genau weiß das niemand; gedruckte Programme gibt es nicht mehr, seit Kollegen dem Direktor seine Ansprachen auszureden versuchten, die jedermann fürchtet: sie dauern zu lang und sind entsetzlich. Von der Sekretärin weiß Mürzig, daß der Direktor diesmal über den Bildungsauftrag des humanistischen Gymnasiums in heutiger Zeit unter besonderer Berücksichtigung von irgendwas sprechen will, was war es noch? Egal, dazu wird es nämlich nicht kommen, denn als der Direktor jetzt in den Nebenraum tritt, es geht da zur Bühne hinauf, zum Rednerpult, ist Mürzig einen Sprung schneller, schneidet seinem Vorgesetzten den Weg ab, steht schon oben, zieht sein Manuskript heraus, legt es unter die Leselampe, wird es nicht brauchen: was er zu sagen hat, hat er im Kopf. Ein Seitenblick auf den bleichen Schulleiter, der mit offenem Mund in der Tür stehengeblieben ist, ein Blick nach vorn ins Auditorium, in die verblüfften Gesichter der Kollegen. Mürzig beginnt.

Ursprünglich, meine sehr verehrten Zuhörer, hatte ich vor,

meinem Gegenstand die einzige ihm gemäße Form zu geben: eine Rede ganz im Konjunktiv. Wer über den Konjunktiv spricht, dachte ich mir, der mag auch gleich zeigen, wessen der Konjunktiv fähig ist. Ich habe mich anders besonnen, denn einerseits fürchtete ich, man könne mir vorwerfen, ich hätte es auf Kunststückchen abgesehen von der Art, wie sie jemand absolviert, der einen Aufsatz ganz ohne *r* verfaßt, und andererseits sagte ich mir: Es gilt ja hier und heute nicht, Kennern und Eingeweihten (wenn es denn solche, den Konjunktiv betreffend, noch geben sollte, woran ich zweifle) zu einem Genuß zu verhelfen, den nur sie zu würdigen wüßten, sondern vielmehr gilt es – man verzeihe mir diesen martialischen Ausdruck – den Kampf mit dem Feind, oder vielmehr mit den Feinden, vor allem mit deren zweien: dem falschen Konjunktiv und dem Indikativ. Ich meine natürlich den fehlerhaften Gebrauch dieser Modi. Ich werde das Pult hier als Sieger verlassen oder als Geschlagener, doch träfe meine Niederlage nicht die Sache, für die ich streite, sondern nur mich, der ich dann nicht verstanden hätte, Sie zu überzeugen.

Beginnen wir mit einem Beispiel, das noch keine zehn Minuten alt ist. Da ich seit Beginn der Feier in einem Nebenzimmer war, blieb mein Platz drunten im Saal frei, und vorhin hörte ich durch die halbgeöffnete Tür, wie zwei Schüler des Orchesters sich über mich unterhielten. Wo ist denn der Mürzig? fragte der eine. Natürlich sagte er nicht *Mürzig*, sondern benützte einen respektlosen Spitznamen, aber Sie werden von mir nicht erwarten, daß ich ihn hier wiederhole. Der andere, und nun hören Sie bitte genau zu – der andere erwiderte: *Es heißt, er käm heut nicht.*

Ist Ihnen etwas aufgefallen? Haben Sie den Fehler bemerkt? Nein? Sie hätten ihn aber bemerken sollen. Freilich, ich weiß es aus leidvoller Erfahrung: fast niemand mehr hört, daß dieses *käme* falsch ist. Es wäre nur dann richtig, wenn der Satz eine Bedingung enthielte: *Es heißt, er käme heute nur, falls man ihn eigens einlüde.* Oder ein Wunsch: *O käme er doch!* – wobei ich diesen Wunsch besser negativ formuliert hätte: *O käme er nicht!* – denn wann wünschen sich Schüler schon, der Lehrer möge kommen? *Käme* ist die Form des Konjunktivs II, die wir vom Imperfekt ableiten: *er kam, er käme,* auch wenn sie mit dieser Zeit sonst nichts zu tun hat. Der vorhin so falsche Satz hätte richtig heißen müssen: *Es heißt, er komme heute nicht. Komme* ist die Form des Konjunktivs I, die vom Präsens abgeleitet wird und mit diesem sonst ebenso wenig zu tun hat wie *käme* mit dem Imperfekt. Mit anderen Worten: *komme* und *käme* drücken keine Zeit aus. Der Konjunktiv II dient vielmehr zur Bildung von Wunschsätzen, Konditional- und Irrealsätzen, der Konjunktiv I dagegen fast ausschließlich zur Bildung der indirekten Rede. Diese indirekte Rede beherrscht heute fast niemand mehr. Sie wird fälschlicherweise mit dem Konjunktiv II gebildet: *Es heißt, er käme* statt *er komme,* oder, und das ist noch schlimmer, mit dem puren Indikativ: *Es heißt, er kommt. Es heißt, er kommt heute nicht.* Da steht, daß Mürzig nicht kommt, als unumstößliche Tatsache da, und der Zweifel, den die Worte *es heißt* ausdrücken, wird unter den Teppich gekehrt. Daß es sich um keine Tatsache gehandelt hat, sehen Sie daran, daß ich hier stehe: ich bin also doch noch gekommen.

Nun muß man allerdings mit Leuten, die den Konjunktiv nicht beherrschen, nachsichtig sein. Warum machen sie meist Fehler? Aus einem ganz einfachen Grund: es gibt nur ein einziges Zeitwort, nämlich das Hilfsverb *sein,* bei dem sich die Formen von Konjunktiv I und Konjunktiv II ganz klar unterscheiden. *Ich sei, du seist, er sei, wir seien, ihr seid, sie seien*, und *ich wäre, du wärst, er wäre, wir wären, ihr wärt, sie wären* – wäre dem auch bei anderen Verben so, wir hätten keinerlei Mühe mit dem Konjunktiv. Bei allen anderen Verben jedoch gibt es Überschneidungen und Verwechslungen. *Haben* zum Beispiel – der Konjunktiv I dieses anderen Hilfsverbs müßte heißen: *ich habe, du habest, er habe, wir haben, ihr habet, sie haben*. Doch da spüren Sie gleich: das geht nicht. *Ich habe, wir haben* und *sie haben* – diese Formen fallen mit denen des Indikativs zusammen, die genauso heißen, sind also für den Konjunktiv untauglich. *Du habest, ihr habet* – diese Formen unterscheiden sich zwar von denen des Indikativs *du hast* und *ihr habt*, doch obwohl sie besonders schön klingen, werden sie gemieden und gelten als veraltet, als künstlich. Bleibt demnach nur die dritte Person Singularis *er habe*. Die ist korrekt und geläufig. Das heißt – geläufig sollte sie sein. Was macht die Sprache mit den übrigen fünf Formen? Sie setzt an ihre Stelle die Formen des Konjunktivs II, und damit beginnt das Verwirrspiel. Denn der richtige Konjunktiv I von *haben* heißt nun *ich hätte, du hättest* (oder *habest*), *er habe, wir hätten, ihr hättet* (oder *habet*), *sie hätten*. Wer will es ungeübten Personen verübeln, wenn sie, ohne viel nachzudenken, auch die einzig verbleibende dritte Person Singularis nach dem Vorbild der anderen formen und sagen *er hätte* statt *er habe*? So kommt es auch zu *er käme* statt *er komme*; so entsteht das ganze Durcheinander. Und doch dürfen wir auf gar keinen Fall so tun, als komme oder käme – darüber später – es auf diesen Unterschied nicht an. Denn die dritte Person Singularis, das ist die mit Abstand meistgebrauchte, auch in der indirekten Rede, ja gerade da, denn es wird ja fast immer von einem Dritten berichtet, *er habe gesagt*... Wer auf diese Möglichkeit der Unterscheidung verzichtet, wer sie freiwillig aufgibt, der weiß nicht, was er tut. Es ist doch ein himmelweiter Unterschied, ob ich sagen will: *er sagt, sie komme*, und damit meine: *er rechnet mit ihrem Kommen, er vermutet es, aber ich, ich weiß nicht, ob sie es tun wird und ob er, der Sprecher, recht behält*. Oder ob ich sagen will: *sie käme, wenn man sie einlüde, doch solange man sie nicht einlädt, kommt sie auch nicht. O wenn sie doch käme! Das wäre schön.*

Das sind Wünsche, meine sehr verehrten Zuhörer, sind Bedingungen und Vorstellungen von nicht oder noch nicht Realem: dafür haben wir den Konjunktiv II. Der Konjunktiv II drückt aus: Nein, so verhält es sich nicht. Sie kommt nicht.

Käme statt *komme* – leider ist das nicht der einzige Fehler, den wir machen. Ebenso häufig kann man hören *sie würde kommen* statt *sie käme* und sogar anstelle von *sie komme*. Daran sind die schwachen Verben schuld. Nehmen Sie als Beispiel das Zeitwort *sagen*. Auch hier fallen im Konjunktiv I alle Formen mit Ausnahme der dritten Person Singularis mit dem Indikativ des Präsens zusammen. Aber damit nicht genug. Wenn wir nun, wie beim starken Verb *kommen*, auf die Formen des Konjunktivs II ausweichen, sie als Ersatz heranziehen wollen, so geraten wir in einen neuen Schlamassel. Diese Formen heißen nämlich *ich sagte, du sagtest, wir sagten, ihr sagtet, sie sagten*. Sie sehen: das ist zugleich das Imperfekt des Indikativs. Wer soll sich da auskennen? Um wenigstens ein bißchen Klarheit zurückzugewinnen, hat sich die Sprache bei den schwachen Verben auch für den Konjunktiv II Ersatzformen geschaffen: *ich würde sagen, du würdest sagen*, und so fort. Das ist bequem; nur vergessen wir leider darüber, daß die *würde*-Formen nur bei den schwachen Verben angebracht sind, nicht aber bei den starken. Also: *Wenn er nicht käme, dann würde er mir's vorher sagen*, aber nicht: *wenn er nicht kommen würde*.

Nähme man es ganz genau, so genau wie die Duden-Grammatik, dann dürfte man die *würde*-Formen auch in *wenn*-Sätzen nicht verwenden. Also nicht *wenn er sagen würde*, sondern *wenn er sagte*, obwohl *sagen* ein schwaches Verb ist. Denn, so heißt es dort: am Wörtchen *wenn* erkennt man schon hinreichend, daß jetzt ein Bedingungssatz kommt, einer, der im Konjunktiv II stehen muß – Ersatzform ist dann überflüssig, ist zuviel. Also, zum Beispiel: *Wenn ich behauptete, dies sei eine leichte Materie, so betröge ich Sie.*

Sicher haben Sie gerade gestutzt bei der Form *betröge*. Sie erscheint Ihnen ungewohnt wie viele nur noch selten gebrauchte Konjunktive starker Verben. Auch hier weichen wir gern und immer häufiger auf die *würde*-Formen aus: *ich würde Sie betrügen*. Das ist korrekt, man darf es, und trotzdem ist es jammerschade um die viel schöneren alten Formen. Freilich, welche Bäuerin würde sagen: *Wenn ich die Kuh nicht mölke, stürbe sie*? Nun, das verlangt niemand von ihr. Jedoch bei den Verben mit noch bekanntem und gebräuchlichem Konjunktiv verlangen wir's von ihr. Deshalb *ich würde melken*, aber nie und nimmer *ich würde kommen*, sondern einzig und allein *ich käme*.

Besonders in Norddeutschland verliert sich indessen das Gefühl dafür, wie falsch dies ist, immer mehr. Vielgelesene und hochgelobte Schriftsteller, die ihr Instrument, die Sprache, besser kennen müßten, weichen dem Konjunktiv der starken Verben aus wie der Pest. Würde man ihnen folgen, man müßte unsere Volkslieder umschreiben und singen *Wenn ich ein Vöglein sein würde und auch zwei Flügel haben würde, würde ich zu dir fliegen.*

Hier wird im Saal schüchtern gelacht. Mürzig nimmt es als Aufmunterung und fährt schwungvoll fort:

Sie merken an diesem Beispiel, was uns verloren ginge,

schlössen wir uns dieser öden Gleichmacherei an. Ich will mich nicht lange dabei aufhalten, Ihnen zu zeigen, daß dieser übermäßige und falsche Gebrauch von *würde* uns einer weiteren Möglichkeit beraubte oder berauben würde – Sie spüren, man braucht nicht immer *würde* zu sagen – der nämlich, diese *würde*-Formen da einzusetzen, wo sie am Platze sind, nämlich als Konjunktiv II von *werden*. Wir benützen das Hilfszeitwort *werden* im Deutschen für das Passiv: *ich werde geschlagen*, und fürs Futurum: *ich werde schlagen*, und nebenbei auch noch als normales Zeitwort: *ich werde Lehrer, ich werde rot*. Neunzig Prozent von uns verwechseln jedoch ständig, daß der Konjunktiv II von *ich schlage* nicht *ich würde schlagen* heißt, sondern *ich schlüge* – es sei denn, Sie empfänden dieses *ich schlüge* auch schon als preziös und wichen deshalb auf *ich würde schlagen* aus. *Ich würde schlagen* ist nicht der Konjunktiv II von *ich schlage*, sondern von *ich werde schlagen*.

Alles, was ich Ihnen bis jetzt vorgetragen habe, gehört zu den Anfangsgründen einer Einführung in den rechten Gebrauch des Konjunktivs und ist nur ein Teil dessen, was Sie in jeder guten Grammatik fänden, schlügen Sie sie tatsächlich auf und wendeten sich nicht gelangweilt ab, sobald vom Konjunktiv die Rede ist. Aber wer sich auf den Konjunktiv einmal einläßt, der spürt wie ich nach kurzer Zeit, daß er, sind die ausgetretenen Pfade verlassen, schwankenden Boden betritt und in tückische Sumpflöcher gerät. So habe ich, trotz einer ungeheuren Materialsammlung von etwa zweitausend auf Karteikarten registrierten Einzelfällen, bis heute noch keine eindeutige Regel dafür finden können, wann bei Ausdrücken wie *als, als ob* und *wie wenn* der Konjunktiv I zu stehen hat und wann der Konjunktiv II. Diese Frage hat mir manche schlaflose Nacht bereitet. Es ist, als sei es damit verhext oder als wäre es damit verhext – Sie sehen, man kann beides sagen, und doch ist der Sinn nicht haargenau derselbe. Ich werde Sie nicht mit den Verästelungen dieses Problems langweilen. Ein anderer Fall soll Ihnen zeigen, wohin uns der Konjunktiv –

Unruhe im Saal. Mürzig stutzt kurz, spricht weiter:

wohin uns der Konjunktiv führen kann und wie hilflos wir dastehen, wenn wir nicht gelernt haben, mit ihm umzugehen. Ein Mann betritt nach monatelanger Abwesenheit seine Wohnung. Er will aufs Klosett gehen. Er tut es, hebt den Deckel der Kloschüssel hoch und sieht: dort hat eine Spinne ihr Netz gesponnen. Entschuldigen Sie diesen Ausflug aufs Örtchen an einem Tag wie heute; ich entnehme das Beispiel dem Roman *Der Sturz* von Martin Walser. Nun machen wir uns das Vergnügen und setzen diesen Vorgang in die indirekte Rede der Vergangenheit. Also: Der Mann sagt, er sei nach Hause gekommen, habe aufs Klosett gehen wollen, habe den Deckel emporgehoben und gesehen, daß in der Kloschüssel eine Spinne – nun was? *Gesponnen habe?* Nein, dann täte sie's gleichzeitig, während der Mann ihr zuschaut. Ich muß ausdrücken, daß sie ihr Netz lange vorher gesponnen hat, Wochen zuvor vielleicht, und nun gar nicht mehr da ist. Was jetzt kommt, meine Zuhörer, finden Sie in keiner Grammatik – der Konjunktiv hat mich darauf gebracht. Im Konjunktiv kennt das Deutsche noch ein doppeltes Perfekt. Denn da wir im Indikativ drei Vergangenheiten haben, im Konjunktiv aber nur eine, also für *ich war, ich bin gewesen, ich war gewesen* im Konjunktiv I immer nur *ich sei gewesen* und im Konjunktiv II immer nur *ich wäre gewesen* – deshalb muß man die Zeitfolge innerhalb der Vergangenheit, die auszudrücken ja möglich sein muß, eben anders ausdrücken. Man tut es mit diesem doppelten Perfekt. Der Mann sagt, er habe den Deckel emporgehoben und habe gesehen, daß in der Kloschüssel eine Spinne ihr Netz *gesponnen gehabt habe.* Jawohl!

Im Saal ruft jemand: Der spinnt! Gelächter wird laut. Mürzig hat Mühe, die Unruhe niederzukämpfen. Er stellt sich auf die Zehenspitzen, stützt die Ellenbogen aufs Rednerpult, ballt die Fäuste:

Ha! ruft er, so laut er kann. Kurz, ruckartig, drohend: Ha! Stille.

Meint jemand hier ernstlich, damit seien die Möglichkeiten des Konjunktivs erschöpft? Darzustellen, daß etwas angeblich gleichzeitig geschehen sei wie ein anderer Vorgang, oder vorher? Ach nein. Der Konjunktiv kann viel mehr. Ich hatte die Absicht, Sie langsam vorzubereiten auf den Schluß meiner Rede, die Sie erschüttern wird, aber ich sehe, ich muß abkürzen, einige unter Ihnen sind überfordert. Nun gut. So treffe es Sie also unvorbereitet: Nur der Konjunktiv bewirkt, daß ich nicht Gott bin. Nein, halten Sie mich nicht für größenwahnsinnig: ich, Sie, wir alle wären Gott, könnten wir den Graben überspringen, der sich auftut zwischen Konjunktiv I und Konjunktiv II. Denn wer von uns träumt nicht zuweilen von einer besseren Welt, die er sich gern schüfe, könnte er nur? Aber ach, wir können nur träumen, nur wünschen. Gott – Er kann. Er sagt: *Sie sei!*, und diese Welt *ist.* Wir hingegen, wir müssen uns begnügen mit einem schwachen *O wenn sie doch wäre!* Zwischen diesem *sei* und *wäre* klafft der Abgrund. Wir stehen herüben, Er drüben. Und doch muß man hinüberkönnen. Erinnern Sie sich an *als ob, wie wenn?* Da berühren sich Konjunktiv I und II, sind fast vertauschbar, da ist der Graben aufgefüllt, da gibt es eine Brücke. Der Mensch kann Gott näherkommen, der Weg führt durch die Geheimnisse des Konjunktivs. Welch höheres

Ziel könnte es geben? Spüren Sie, daß die Grammatik den letzten Fragen und ihrer Beantwortung viel näher ist als alle Philosophie und Religion?

Ich mache mich auf diesen Weg. Von hier aus, vom Indikativ aus finde ich ihn nie. Ich muß in den Konjunktiv II, ich muß mir das Drüben ausdenken, muß die bessere Welt in meinem Kopf herstellen. Wie wäre sie? So frage ich, ich stelle sie mir vor, schon existiert sie in mir. Ich mache mich auf, ich eile dorthin, ich werde sie festhalten, werde sie zum Bleiben zwingen. Vielleicht wird sie nur für mich bleiben, vorerst, aber wäre das nicht schon viel? Der erste Schritt, erreicht durch Sprache. Ich schreite hinauf, den steinigen Pfad, auf dem Sie mir, ich weiß es, ach ich weiß es, nicht folgen wollen. Aber das hindert mich nicht. Lassen Sie sich nicht täuschen, wenn ich nun scheinbar abwärts steige, die Stufen dieses Pults hinunter –

die Erwachsenen haben zugehört, beklommen, aber unter den Schülern ist bald nach Mürzigs *ha!* wieder Unruhe ausgebrochen, und nun kann Mürzig seinen letzten Satz nicht vollenden, der Lärm übertönt ihn; einige lachen, andere klatschen höhnisch. Der Direktor geht auf Mürzig zu, weiß nicht, ob er böse mit ihm sein soll oder sanft wie mit einem Irren, aber Mürzig sieht ihn nicht, er geht an ihm vorbei, hinaus in den Nebenraum. Er steigt schon hinauf auf den Konjunktivberg.

13

Mürzig ist beurlaubt. Die Schulbehörde hat ihn vom Dienst suspendiert. Und empfehlen wir Ihnen dringend, sich in ärztliche Behandlung zu begeben. Und bitten wir Sie, uns baldmöglichst vom Ergebnis der Untersuchungen zu informieren, damit wir. Sie schreiben selbst, Sie wären daran interessiert, zu erfahren, ob Sie.
Wären!
Wenn Mürzig spazierengeht, geschieht es ihm immer öfter, daß sich der Horizont umdreht. Er kippt. Mürzig sieht dann die Welt wie ein falsch in den Kasten gestecktes Dia und weiß doch: es steckt richtig, erst die Linse kippt es, der Bildwerfer, mein Kopf. Mürzig ist es lieber, die Welt stimmt in seinem Kopf. Mag sie draußen Purzelbaum schlagen. Schlimm findet er nur, daß alles zu splittern beginnt. Da springen der Fluß und die Hügel in Scherben, Mürzig starrt auf ein Netz feiner Risse, das über dem Nachmittag liegt.

Die Pfarrer-Geschichte. Grinzinger hat sie also auch Buhl erzählt. Oder hat er sie von Buhl? Gleichviel – nur diese Wiederholung! Ich lebe nach, was Buhl vorgelebt hat, Buhl zieht seinen Mürzig hinter sich her und damit auch mich, einen Buhl II. Was fängt Buhl an mit seinem Vorsprung?

Ich lese weiter. Bisher ist es Mürzig noch immer gelungen, den Spuk zu verjagen. Er zwinkert ein paarmal mit den Augen, und wenn er sie wieder öffnet, ist das Netz weg. Daß es eines Tages noch da sein wird – davor hat er Angst.

Hatte Buhl auch Angst? Ich kenne mich nicht mehr aus. Ich schreibe keinen Roman, ich lese einen, den jemand über mich geschrieben hat – fast. Hätte ich das vorausgewußt, ich wäre nicht in diesen Turm gekommen. Buhl läßt mir keinen Platz. Er ist zwar fort, aber noch mehr ist er da, er ist auch da wie schon einigemale, nur sitzt er diesmal nicht ruhig am Feuer, sondern geht auf und ab und hält mir Vorträge über den Konjunktiv. Die Möglichkeiten so einer Welt, mein Lieber, auch dieser begrenzten hier, der Konjunktiv der Kastanien und Tatzelwürmer, der Wälder und der verhockten aussterbenden Dörfer. Ich habe früher immer großen Wert gelegt auf die reinliche Scheidung zwischen dem Wirklichen und dem Möglichen und auch nicht Möglichen und dabei übersehen, wo die Trennungslinie in Wahrheit verläuft: nicht zwischen dem Wirklichen und dem Möglichen, sondern zwischen dem Möglichen und dem nicht Möglichen, die man beide mit dem Konjunktiv greift. Da geht der Riß mittendurch, und ich kann ihn mit der Sprache nicht fassen.

Buhl setzt sich doch.

Manchmal ist mir – seit ich dies weiß – ich dürfte einfach zusehen, wie ich langsam absterbe und faule. Das wäre eine stille Art der Verzweiflung. Wer zusähe, hielte es für eine Krankheit und spräche mich aller Verantwortung ledig, bestärkte mich womöglich darin, daß diese Krankheit erträglich sei, allerdings auch unheilbar, Schicksal eben: du warst schon lange krank und hast es nur nicht gewußt oder nicht wahrhaben wollen. Jetzt endlich siehst du's ein.

Aber es sähe mir niemand zu. Ich spräche nur mit mir selbst, versuchte mir mit begütigendem Tonfall weiszumachen: noch ist es nicht zu spät, setz deine Trümmer wieder zusammen, überpinsle die Bruchränder hell, das sieht hübsch aus, blinzle sie weg. Da ich aber insgeheim den Selbstbetrug durchschauen würde, gäbe ich solche Reden bald auf, versuchte nicht mehr, mich glauben zu machen, ich könnte noch einmal gesund werden. Nein, das verliefe anders.

Buhl hat jetzt ein Glas Wein vor sich, trinkt. Dann setzt er den Hut auf, ich kenne den Hut nicht, auf einmal hat er einen

Hut in der Hand und setzt ihn auf. Ich wußte gar nicht, daß er Hüte trägt. Der Hut ist komisch grün.

So etwa fährt Buhl fort: Ich kehre wieder zurück an meinen Schreibtisch, gar nicht reumütig, kein verlorener Sohn, nein, nur wie einer, der dazugelernt hat und sich jetzt am Schwersten versucht. Es gibt Randzonen, fast unbewohnte, in denen gut forschen sein muß. Ich erinnere mich, daß mein Mürzig seinen Schülern das Futur II stets mit schlechtem Gewissen beibrachte. Diese Zeit, sagte er oft, pflegt sich in den Lehrbüchern breitzumachen wie jede andere und wird doch viel weniger benötigt. Dort müßte man roden.

Mürzig macht sich auf. Die Futurzonen liegen weit oben. Mürzig errichtet zuerst einen Zaun aus Konjunktiv II, Perfekt Passiv und Futur I. Es gibt im deutschen Sprachraum wahrscheinlich keine zehn Leute, die drüberklettern könnten, ohne zu straucheln oder hängenzubleiben.

In der zweiten Zukunft, die schon wieder Vergangenheit ist, sobald man sie ausspricht, wird Mürzig ganz allein sein. Wenn er einmal wird zurückblicken wollen, ohne Zorn, oh – ganz ohne Zorn, wird er nicht mehr können, weil der Zaun schon zu hoch und ganz undurchdringlich geworden sein wird. Er wird begreifen, daß er nicht mehr zurück kann und auch nicht mehr will.

Also vollends hinauf. Das geht leicht.

Er steht auf dem Gipfel.

Er sieht sie folgen, heraufkommen, in Windungen, langsam. Der Berg ist steil.

Sie steigen, sie rücken näher. Sie werden an der Hecke haltmachen müssen. Sie werden ratschlagen. Sie werden nicht den ganzen Weg umsonst zurückgelegt haben wollen. Sie werden einander auf die Schultern klettern, um über die Hecke zu schauen.

Die längsten, auf anderen Bergsteigern stehend, werden, die Köpfe über die Dornen gereckt, Mürzig sehen, dort droben. Sie werden es denen sagen, auf deren Schultern sie stehen, daß die Vermutung, Mürzig könne sich umgebracht, oder die dünne Luft könne ihn umgebracht haben oder der eisige Wind, falsch war.

Mürzig schaut nicht zu ihnen hinab. Er schaut in den Himmel hinauf, der wolkenlos sein wird an jenem Tag. Mürzig wird die Rufe der Leute hinter der Hecke nicht hören.

Aber wenn sie wieder hinabgestiegen sein werden, unverrichteter Dingen, wird Mürzig noch einmal auf die Hecke schauen, die er dann nicht umsonst wird hochgezogen haben, die von ihm nicht umsonst hochgezogen worden sein wird.

An jenem Tag wird die Luft sehr klar gewesen sein, und wenn der Abend gekommen sein wird, wird sich das langsame Einswerden Mürzigs mit einer grammatischen Form ganz unmerklich vollzogen haben, schmerzlos, fast heiter, nur sehr einsam.

14

So hat Buhl seinen Mürzig verschwinden lassen auf dem Gipfel des Konjunktivbergs. Ist das ein glückliches Ende? Hat Mürzig dorthin gefunden, wo er, unerreichbar für die andern und nun auch für Buhl, ganz er selbst sein kann, eine Möglichkeit? Ist hinter der Hecke die Freiheit oder das Nichts?

Wenn ich das wüßte, dann wüßte ich auch, warum Buhl seinen Helden auf diese Weise aus der Welt geschafft hat, und was das für eine Krankheit ist, die er so heilen zu können glaubte. Denn er hat sich den Mürzig doch vom Leibe geschrieben, ganz wörtlich, Mürzig ist ein Stück von ihm und mehr als nur ein Stück. Wenn Mürzig hinter der Hecke bleibt, wo ist dann Buhl jetzt? Wohin hat er sich zurückgezogen?

Ich befinde mich auf der anderen Seite der Hecke. Ich gehöre zu jenen, die nicht hinüberkönnen. Ich rekapituliere: Ein Schriftsteller macht eine Krise durch, sieht den Grund für sein Versagen in seinen Bindungen an bürgerliche Verhaltensnormen, flüchtet sich in den Turm, zieht Bilanz, sucht einen Ausweg, schafft sich, da er sich's leisten kann, ideale äußere Bedingungen für einen Neubeginn und muß erkennen, daß aller Wandel äußerlich war: Er ist immer noch derselbe, er steckt immer noch im Schlamm. Da er die Kraft nicht hat, alles aufzugeben und wirklich neu anzufangen, probiert er an einer Kunstfigur aus, wie das wäre, wenn er's täte. Er erfindet sich einen Lehrer, der, wie er selbst, nicht im Mittelmaß steckenbleiben will und kann. Und nun beginnen die Fragen. Wenn Mürzig verkennt, was ihm not täte, wenn er die Form für den Inhalt nimmt, sich festbeißt in Sprache und so den Teil für das Ganze setzt – ist er da noch Buhls Geschöpf, das so handelt, weil Buhl, überlegen, das alles begriffen hat und die Fäden zieht, oder ist Mürzig dem Buhl davongelaufen und lehrt Buhl Buhl erkennen?

So könnte es auch sein. Dann hätte sich Mürzig, ohne Buhls Zutun, in den Hochmut der Isolation gerettet, um nicht an seinem Irrtum zugrunde zu gehen, und Buhl hätte plötzlich begriffen, daß Mürzigs Berg nichts anderes ist als Buhls Turm. Und er hätte fortmüssen aus seinem Turm, um nicht zu werden wie Mürzig.

Ich bin ausgebrochen. Zuerst war's nur ein Spaziergang nach Cannobio hinunter, aber als da gerade ein Schiff anlegte: Brissago, Ascona, Locarno, ganz leer und mit einem mürrischen Kapitän, der sich wohl fragte, wozu er überhaupt fuhr, bin ich eingestiegen, und jetzt sitze ich in Ascona in der *Trattoria del operaio* vor einem *ossobuco* mit *pommes frites*. Am Nebentisch zwei Männer, die auch keine Arbeiter sind. Zuerst haben sie leise gesprochen, aber nun erregen sie sich und heben die Stimme; ich verstehe jedes Wort.

Der gerade spricht, ist offenbar Arzt in einer Privatklinik. Sie gehört einem Privatmann, der nur ein Ziel kennt: möglichst viel Geld herauszuwirtschaften. Aufgenommen werden ausschließlich Privatpatienten. Die erhoffen sich, weil sie's bezahlen können, eine entsprechende Behandlung: gute Ärzte, teure Medikamente, mehr Komfort als üblich. In Wirklichkeit sind sie schlechter dran als in jedem öffentlichen Krankenhaus. Vorgestern, sagt der Arzt, bin ich nachts um halb drei gerufen worden. Als ich ankam, war die Patientin schon tot. Ich kannte sie; ich bin ziemlich sicher, daß sie noch leben würde, wenn gleich ein Arzt zur Stelle gewesen wäre. Herzversagen. Massage, eine Spritze, das können die Pfleger nicht. Wir haben schon oft gefordert, daß nachts ein Bereitschaftsarzt da sein muß. Umsonst. Der Besitzer sagt nein. Der Aufwand sei, gemessen an den seltenen Fällen tatsächlichen Bedarfs, zu hoch.

Du machst dir keine Vorstellung von seinem Geiz. Jeden Monat so um den Zwanzigsten herum gehen die Plastikhandschuhe aus. Dann müssen wir rektal mit der bloßen Hand untersuchen, eine Zumutung nicht nur für uns, sondern auch für die Patienten. Wie hilft man sich? Man untersucht, wenn irgend möglich, nicht gleich, sondern wartet den Ersten ab. Einmal, am Anfang, habe ich protestiert. Der Besitzer am

Telefon: Wenn Sie sich davor ekeln, hätten Sie nicht Arzt werden dürfen.

Nun sprechen sie wieder etwas leiser, aber ich bekomme doch mit, daß der Arzt den andern fragt, ob er etwas unternehmen solle. Das Ganze an die große Glocke hängen. Einen Skandal provozieren.

Der rät ihm ab. Vielleicht ist er Anwalt. Er redet lang; der Arzt scheint zu resignieren. Einmal höre ich den Anwalt ganz deutlich: Du setzt deine Zukunft aufs Spiel. Du kriegst nie mehr eine andere Stelle, auch wenn du hundertmal recht hast. Die halten zusammen.

Dann stehen sie auf und gehen. Ich bleibe sitzen und bin ganz klein. Wie überflüssig, wie künstlich, wie unbedeutend sind all die Probleme, mit denen ich mich herumschlage, mit denen Buhl sich herumschlägt. Dünne Wehwehchen, Seifenblasen, Hirngespinste. Eine Frau ist gestorben, die leicht hätte gerettet werden können. Was ist dagegen ein Roman, der mir nicht gelingt? Wie nutzlos nimmt sich aus, was ich treibe, wie nutzlos müßte es zumindest diesem Arzt vorkommen.

Ich werde schließlich doch fertig mit meinem *cafard*. Man wird ja immer fertig damit. Man findet die Gegengründe, weil man sie finden will und weil man sie längst parat hat, ganze Wagenladungen voll. Denn so naiv sind wir nicht, daß uns solche Erkenntnisse unvermittelt überfallen dürfen, als seien's Offenbarungen. Wir haben uns die Fragen nach dem Sinn und Unsinn der Schreiberei schon oft genug selbst gestellt und wissen längst, welche Antwort die beste ist: fürs Schreiben gibt es keine Rechtfertigung nach dem Nützlichkeitsstandpunkt. Es braucht auch keine. Es besteht in sich selbst, solange es Leute gibt, denen Bücher wichtig sind. Punktum.

Aber diesmal habe ich kein gutes Gewissen bei meinen Rückzugsgefechten, und ich versuche – das ist mir neu – alles auf die Gegend zu schieben. So, es kommt dir künstlich und unnütz vor, was du tust? Deine Probleme sind's, deine ganze Existenz ist es, der Turm ist es, der Inhalt von Buhls Heften ist's – sogar das Tessin. Halb Norden noch, Regenland, Schneeberge als Kulissen, eine Gegend, in der es regnen kann, als ob alles Wasser der Erde vom Himmel stürze, eine Gegend mit mörderischen Gewittern und mit Nebeln, Nebeln, aber doch ist nichts wild, sondern alles weich, schon halb Süden, feuchtwarm, manchmal fast tropisch. Schau dir die Pflanzen an, die fetten Bäume, die Mittelmeerarchitektur, die Campanili, die es so hinunter bis nach Apulien gibt. Nur – die beiden Hälften fügen sich hier nicht zusammen, sie verzahnen sich mit Geknirsch. Es ist alles halb, nichts richtig, weckt nur Sehnsüchte nach dem Ganzen und befriedigt sie, totschlägerisch, mit der falschen anderen Hälfte, den Sonnenhunger mit Nebel, das Bedürfnis nach kühler Klarheit mit dampfenden Gewittern und strotzenden Magnolien.

Wer hier leben wollte, für immer, müßte sich anpassen an die Halbheiten. Sich selber aufgeben. Hier wohnen die großen Kompromißler, die Stars, Playboys, Genießer, die Pseudokünstler und Pseudophilosophen, das Gelichter und Geschmeiß der Kultur. Hier sind Stefan George gestorben und Hans Habe, die Egozentriker, die ein Leben lang vor dem Spiegel standen. Eine Gegend für ganz bestimmte reiche Leute. Für die Remarques, die über den Krieg schreiben und von dem Geld, das sie damit verdienen, Villen bauen mit einem Garten voll Oleander.

Das hat mich an Buhl immer am meisten gestört: sein unerklärter Reichtum. Vom Bücherschreiben hat er sich diesen Turm nicht bauen können, seine paar Romane gingen mäßig. Vorher war er Lehrer. Auch davon wird man nicht fett. Hat er geerbt? Else sprach nie darüber. Einer, der wie ich arm aufgewachsen ist, kann sich in den selbstverständlichen Reichtum der Reichen nie hineinversetzen, selbst wenn er es zu Vermögen bringt. Ich werde mir bestimmte Dinge, die ich mir jetzt leisten könnte und manchmal auch leisten möchte, immer versagen. Das hat mit Moral wahrscheinlich wenig zu tun, ich verschenke ja mein Hab und Gut nicht den Armen. Es ist wohl nur Gewohnheit. Wer sein Geld nie hart verdienen mußte, wer den Hunger nie gekannt hat und nie die Freude, sich Brot kaufen zu können, wird kaum verstehen können, daß Kaviar nicht Neid erzeugt, sondern Mitleid. Ich habe weiß Gott nichts gegen Buhl, weil er reicher ist als ich. Ich frage mich nur, wie es in seinen schwarzen Heften aussähe, wenn er weniger Geld gehabt hätte, immer weniger, und zum Schluß keins mehr. Wenn zu seinen eingebildeten Nöten – ich verhöhne mich selbst – einmal wirkliche Not getreten wäre, nackte Existenzangst. Wenn er sich nicht immer nur mit so vornehmen Problemen hätte herumschlagen dürfen. Eine Portion Bauchgrimmen. Ein leerer Teller statt eines falschen Konjunktivs.

Aber meine Fragen sind kindisch. Buhl ist nicht da, ich bin da, ich sitze auf Buhls Stuhl. Seitdem ich genügend verdiene, seitdem ich lebe, ohne den Pfennig umdrehen zu müssen, habe ich nie mehr darüber nachgedacht. Ich begehe sogar die Frechheit, mir an Weihnachten durch eine Spende, die sich sehen lassen kann, ein gutes Gewissen zu erkaufen. Wie verräterisch Sprache ist: *Die Spende kann sich sehen lassen.* Vor wem? Vor mir. Das ist schlimmer, als wenn ich pharisäerhaft darüber spräche. Ich habe es zwar trotzdem nicht, das gute Gewissen, aber was ein paar hundert Mark nicht fertigbringen, bringt allemal die Gabe fertig, sich das einzureden, was man hören möchte, damit man das, was man nicht hören möchte, auch nicht hört.

Zum Kuckuck, stellen wir uns vor: die Tantiemen bleiben aus, die Honorare werden immer dürftiger, alte Erfolge laufen sich tot, neue kommen keine mehr nach – schon ist es soweit. Buhl hat Mürzig auf einen hohen Berg geführt wie der Teufel den Menschensohn, um ihn zu versuchen. Hochmut. Ich werde jetzt Buhl auch auf einen Berg führen und ihm einen Stoß geben und zusehen, wie er stürzt.

15

Nähme ich dich ganz ernst, Mürzig, schreibt Buhl, dann wärst du nicht nur mein Geschöpf, sondern mein Lehrer. Ich müßte für möglich halten, was du für möglich hältst. Der Konjunktiv würde mir zur Offenbarung. Er ließe mich erkennen, daß alles, was ich bisher nie zu denken gewagt habe, doch gedacht werden kann, und warum nicht auch getan? Begangene Fehler wären nicht mehr unkorrigierbar. Ich könnte zurück und da noch einmal anfangen, wo ich in die Irre ging, könnte alles seitdem Geschehene ungeschehen machen: es geschah ohnehin nur, weil ich nicht daran glaubte, daß es eine andere Möglichkeit gebe als den Augenblick. Wir nehmen alles hin, als geschehe es ganz von selbst. *Reue, Umkehr, Neubeginn*: mir waren die bloßen Wörter zuwider, verhaßt waren sie mir, seit ich sie als Kind zum erstenmal hörte, und ich werde nie vergessen, wie der Pfarrer im Beichtstuhl sagte: *So, du hast ein Bonbon gestohlen. Das tut dem Herrn Jesus weh, das nagelt ihn ans Kreuz*. Ein Bonbon den Herrn Jesus ans Kreuz? Ich sagte: Das glaube ich nicht, und überhaupt, warum soll ich es bereuen, es hat gut geschmeckt; und wenn ich es noch so bereute – es ist nun einmal gegessen. Was hätte der Herr Jesus davon, wenn ich ihm sagte: Schade, ich bereue, ich wollte, es wäre noch da. Vielleicht möchte er selber eins. Ich jedenfalls hätte gleich Lust, es wieder zu klauen.

Der Pfarrer versteckte sich hinter seinem weißen Tüchlein, das er für die Tränen ans Gesicht preßt, die ihm kommen über all die Sünden. Er sagte nichts, es zuckte in seinem Gesicht, und damals meinte ich, er weine tatsächlich ob meiner Verstockung. Wahrscheinlich hat er sich das Lachen verbissen.

Ich aber, ich lache nicht mehr. Der Konjunktiv macht das Lachen überflüssig. Er gestattet mehr als nur Humor.

Buhl läßt ein paar Zeilen frei. Vielleicht hat er etwas gedacht, was er nicht hinschreiben wollte, und Platz gelassen, um sich später, beim Wiederlesen, daran zu erinnern.

Jedenfalls, notiert Buhl, nur mit Sprache, wie Mürzig glaubt, geht es nicht, auch wenn es ohne Sprache ebenso wenig geht. Tun muß man etwas. Ich bin dabei, das zu begreifen. Ich werde handeln.

Es muß Augenblicke gegeben haben, wo auch Buhl der selbstgewählten Einsamkeit überdrüssig wurde, und wenn er es auch nicht ausspricht, so kann man doch zwischen den Zeilen lesen, daß das Kapitel Else für ihn noch nicht abgeschlossen ist oder zumindest nicht war, als er seine schwarzen Hefte vollschrieb. Zuweilen liest sich die Vergegenwärtigung des Vergangenen wie eine Beschwörung. Buhl redet mit Else, als sei sie bei ihm, als habe er sich nie von ihr getrennt. Manchmal gibt er zu, er sehne sich nach Gesellschaft, wünscht sich Grinzinger herbei, und er tut dies mit Worten, daß mir, während ich lese, wahrhaftig ist, als tauche draußen hinter der Fensterscheibe im Dunkeln ein Gesicht auf, schemenhaft und doch mit individuellen Zügen, ein Mann, der sich, je länger ich hinsehe, desto deutlicher hinter der Scheibe abzeichnet, ja jetzt sogar die Nase platt ans Glas drückt und es mit seinem Atem beschlägt. Das ist eine Halluzination von erstaunlicher Schärfe. Wüßte ich nicht, in welcher Höhe ich sitze, ich nähme den Mann da draußen für wirklich, zumal er jetzt das Fenster aufdrückt und einfach hereinspringt, in voller Lebensgröße, einer extrem kleinen freilich, die aber durch einen enormen Schnurrbart wettgemacht wird. Er klopft sich ab, schließt das Fenster und entschuldigt sich in wortereichem Italienisch für seinen Einbruch. Ein ganzer Schwall von Erklärungen prasselt auf mich nieder: warum er so mir nichts dir nichts, auf diesem Wege, um diese Zeit, und überhaupt, aber anders sei es ja schlechterdings nicht zu machen, daß man mich einmal antreffe, denn Sie öffnen ja nicht, wenn man läutet, Signor Bühl, Sie tun ständig, als seien Sie nicht da, Sie entziehen sich, kommt man zu normaler Tageszeit unten vor die Tür, unseren Bemühungen und, so muß ich jetzt schon fast sagen, unserem Zugriff – was bleibt da anderes übrig, da Sie auch keiner Vorladung folgen, als hier die Sprossen heraufzuklettern, ich sah Licht, ich tue, auch wenn davon nichts in meinem Dienstreglement steht, nur meine Pflicht, auf ungewöhnliche Weise, zugegeben, aber dazu zwingen Sie mich.

Ich suche mir, während er immer weiter redet, klarzuwerden, ob ich träume. Daß er durchs Fenster gekommen ist, spricht ebenso dafür wie das, was er erzählt. Ein Finanzbeamter in dienstlicher Obliegenheit zur Nachtzeit, kletternderweise – das ist ungefähr, als wolle man sonntags in eine chemische Reinigung eindringen, durch den Kamin, und einen Schlafanzug gebügelt haben, während die Leute am Mittagstisch sitzen und Schnittlauch über ein Himbeereis streuen.

Aber daß der Mann sehr klein ist, eine recht private, recht speckige Strickjacke trägt und auf der linken Wange einen pfirsichgroßen dunkelbraunen Fleck mit langen Haaren hat, eine scheußliche Wucherung – beweist das nicht seine Leibhaftigkeit?

Es könnte auch das Gegenteil beweisen. Realistische Details, vor allem abnorme, stehen in meinen Träumen massenweise herum. Wenn dem Mann jetzt Flieder aus den Ohren wüchse, dann wüßte ich, wie ich mit ihm dran bin.

Während ich abwäge, hört er zu reden auf und sieht mich erwartungsvoll an, und jetzt weiß ich mit einemmal, daß es ihn gibt, denn wenn es mir auch eine kuhgroße Warze mit Blumenkohl drauf hätte träumen können, so doch nicht dieses italienische Palaver, dem ich zwar gefolgt bin, das ich aber nie und nimmer selbst zustande gebracht hätte, auch nicht im Traum. Den letzten Zweifel verscheucht der Mann, als er anfängt, angesichts meines für ihn wohl Verständnislosigkeit demonstrierenden Schweigens noch einmal alles zu wiederholen, langsam, eindringlich, mit vielfachem Kopfnikken; er nickt gleichsam für mich, weil ich nicht nicke.

Also, sagte er, also! Wir haben viel Geduld bewiesen, bisher, das können Sie nicht leugnen. Sie haben diesen Turm gebaut, einheimischen Handwerkern dadurch Arbeit verschafft und Verdienst, auch Lieferanten, das alles erkennen wir an, aber Sie haben sechs Mahnungen und zwei Vorladungen unbeachtet gelassen in drei Jahren, Sie schulden der Gemeinde Steuern. Anfangs waren es keine hohen Summen, wir wollten Sie nicht schröpfen, Sie hätten die Höhe selbst festlegen können, was Sie, das wissen wir, in Deutschland nicht dürften, aber Sie haben nicht einmal das getan, und so haben eben wir die Steuern festgesetzt. Die Summe erhöht sich jedes Jahr beträchtlich, falls sie nicht bezahlt wird, das ist Gesetz, ein Druckmittel gegen säumige Zahler, wie anders sollte man vorgehen? Zögern Sie noch lange, dann gehört Ihr Turm in ein paar Jahren der Gemeinde, wir müßten ihn enteignen und verkaufen. Aber das will niemand, Herr Bühl, wenn Sie endlich Ihre Steuern bezahlen.

Ich bin nicht Herr Buhl.

Nicht Herr Bühl?

Er sieht mich an und will es mir nicht glauben, obwohl er es schon glaubt. Er möchte es noch für eine Finte halten, für ein neuerliches Ausweichen – umsonst nachts hier hochgeklettert sein, den Bühl doch nicht erwischt haben, das gibt dem heldischen Unternehmen plötzlich ein ganz anderes Aussehen, ein eher lächerliches. Ich zeige ihm meine Papiere, ich berufe mich auf den Taxichauffeur, in Cannobio kennt doch jeder jeden, den können Sie fragen.

Er glaubt mir.

Er schwenkt rasch um, strahlt mich an: Mir war diese Angelegenheit peinlich, am liebsten hätte ich mich auf mein Ischias berufen, nein, ich klettere da nicht hoch, aber meine Beförderung, schließlich will man doch auch hochkommen, hoch, haha –

er lacht und redet nun wie befreit weiter: Denn was ist der Staat? Mein Arbeitgeber. Was hat Bühl mit ihm zu tun? Bühl ist Ausländer.

Er besinnt sich, er hat sich verrannt, das führt nirgendwohin, und als falle ihm das jetzt erst ein, fragt er: Wo ist Bühl?

Er heißt Buhl, und ich weiß es nicht.

Sie auch nicht?

Nein. Und Sie dürfen mir glauben, daß ich es mindestens

ebenso gern wüßte wie Sie. Oder wie die Gemeinde Cannobio. Oder wie der italienische Staat. Denn euch schuldet er nur Geld, mir aber –

ich stocke, ich weiß nicht, wie ich ausdrücken soll, was Buhl mir schuldet, und schließlich geht es auch diesen Beamten nichts an. Ich müßte ihm viele Dinge erzählen und zum Schluß auch solche, die ich selbst noch nicht weiß und die ich, in diesem Fall, auch durchs Erzählen kaum fände.

Mein später Besucher verläßt den Turm auf normale Weise, die Treppen hinunter, allerdings unsicheren Schritts, denn wir haben zwei Flaschen Torre quarto miteinander geleert. Der Steuerbeamte, Tuzzi heißt er, man spricht es *Tüs*, das ist der Dialekt hier, deshalb auch wohl Bühl statt Buhl, Tüs wollte doch nicht umsonst geklettert sein, dafür hatte ich Verständnis und bin, meinerseits, um nützliche Kenntnisse reicher: wie man in Italien Steuern hinterzieht oder erst gar keine bezahlt. Nützlich? Man kann nie wissen.

Immerhin – wenn Buhl nicht bald zurückkehrt, sollte ich vielleicht versuchen, seinen Turm zu retten. Für ihn? Für mich? Gegen Tüs, gegen Italien? Wieviel wiegen, vor einer Finanzbehörde, zwei gemeinsam getrunkene Flaschen Weins?

Ein neuer Grund für Buhls Fortgehen: der Fiskus. Buhl kann davon erfahren haben, daß ihm das Finanzamt auf den Leib rücken würde. Bisher hatte ich an einen solchen Grund nicht gedacht. Er kommt mir auch jetzt noch abwegig vor, wenig plausibel, aber schließlich wäre Buhl nicht der erste, der vor dem Finanzamt die Flucht ergriffen hat.

Grinzinger glaubt noch immer, Buhl sei wegen der Ameisen ausgerissen, fort vom Ort des Geschehens, vom Mordplatz, ja so nennt er es, fort auch, um irgendwo zu sühnen für seine Tat – ich kann damit nichts anfangen. Diese ganze Geschichte mit den Fußballern und Ameisen ist absurd, ich könnte sie mir als Material vorstellen für eine Erzählung: Buhl schreibt sie auf, wird sie los. Aber deswegen fortgehen?

Schon eher könnte Buhl begriffen haben, was auch ich langsam anfange zu begreifen, daß es keine Flucht ist, wenn man den Turm verläßt, aber möglicherweise eine, wenn man hierbleibt. Ich bin mit falschen Vorstellungen hergekommen. Ich wollte ungestört sein und brauche doch Störungen. Ein Kollege hätte mir längst klargemacht, warum ich nicht vorwärtskomme: eine Utopie besteht aus Ideen, ein Roman aus Handlung. Das Umsetzen von Ideen in eine Handlung ergäbe in meinem Fall einen langweiligen Roman, weil der Leser, hätte er den Grundeinfall einmal durchschaut, nur noch mit der Nachprüfung beschäftigt wäre: was hat der Autor daraus gemacht? Was ist ihm dazu eingefallen?

Aber ich kann den Roman auch deshalb nicht schreiben, weil ich mir die ideale Welt nicht vorstellen kann. Einzelheiten – ja. Das Ganze – nein. Und selbst wenn ich wüßte, wie so eine Welt aussehen müßte – sie wäre vermutlich nicht so, daß es sich lohnen würde, sie darzustellen.

Wahrscheinlich hat Buhl einen ganz anderen Grund gehabt für sein Fortgehen. Einen, den ich nicht errate. Allmählich komme ich mir vor wie ein Krimileser, der genasführt wird, der, blind für die dicksten Hinweise, immer tiefer im Dunkeln tappt.

16

Der Lago maggiore heißt oder hieß früher auf deutsch *Langensee*. Langer See. Er ist lang, lang genug, damit ich ihn, Kapitän auf langer Fahrt, hinunterfahre. In Locarno lichte ich den Anker und pflüge durch die Wellen südwärts. Das Wetter steht gegen mich. Ich säge die Brecher. Die Gischt peitscht mir ins Gesicht. Rechts und links grüßen die Berge und weichen aus, es geht rasch, sie werden niedriger, der See dehnt sich, ich bin schon an den Inseln vorbei. Die flachen Ufer ziehen sich hinter Schilf und Gebüsch zurück, hinter Weiden und Strandhäuser, aber auch unter mir weicht das Wasser, mein Schiff ist ein Luftkissenboot, es gleitet schräg hinan auf Windbahnen, ich fliege über Sesto Calende weg, über Cäsars Soldaten, die da schlafen im Boden, Dormeletto, nach Italien hinunter, nach Genua, ans Meer.

Draußen ziehen Tatzelwürmer auf. So große Worte wie *die Suche nach dem Sinn des Lebens* gebraucht Buhl nicht. Ich käme nie dahinter, schreibt er, sagt aber nicht *hinter was*. Darum überlege ich mir, was für Möglichkeiten ich hätte, wenn ich nicht angebunden wäre, der Hund an der Kette, sondern frei, frei von Orten, Personen, Tagen und Jahren, von allem, was mich einfängt und besetzt und festhält und auffrißt. Aber da drehe ich mich im Kreis.

Sich im Kreis drehen – ich habe einmal begriffen, was das heißt. Ich hatte ein Tonbandgerät laufen, ein stehendes Gerät. Ein stehendes Gerät läuft – das ist mir jetzt egal, ich suche nicht herum, wie ich das besser sagen könnte. In der schrägen Nachmittagssonne spiegelten sich die beiden drehenden Spulen im Fenster auf dem Hintergrund eines Kastanienstammes. Die Spulen drehten sich gegen den Uhrzeigersinn nach links, in der Fensterscheibe nach rechts. Ich sah nur die drei Plexiglasarme, die wie Windmühlenflügel sich auf der Kastanie drehten, und stellte mir vor, ein Tier käme den Stamm hoch, ein Eichhörnchen, verharrte an der Stelle der Spiegelung und erhielte lauter Schläge auf den Kopf von den Windmühlenarmen. Es nimmt sie nicht wahr, aber als habe es sie dennoch erhalten, macht es kehrt und huscht wieder hinunter.

Diese Windmühle fehlt mir jetzt. Sie müßte sich draußen drehen im immer dicker werdenden Nebel, die Mühle würde lange vergeblich mahlen, aber dann mit einemmal beginnt der Nebel zu bröckeln, die Mühle mahlt in Stücke, in immer kleinere Fetzen, mahlt ein Loch in den Nebel, durch das die Sonne bricht. Ich stelle das Gerät ab, es ist nicht die Sonne, es ist Tuzzi, lichtumflossen, ein heiliger Finanziskus, sein edler Beruf umgibt ihn als Gloriole, er hat die Hände gefaltet und auf dem Rücken die Flügel, zwei riesige Leitzordnerdeckel, und singt: O wie freuet sich der Herr über jeden Sünder, der zahlt.

Es heißt aber *der Buße tut*, sage ich.

Na also, Buhl tut Buße, das wissen Sie doch von Sankt Grinzinghero, alleluja. Verdammt, ich fliege wieder heim, meine Schwingen werden vom Nebel ganz naß und schwer.

Schon ist das Loch wieder zu, und da nützt es nichts, daß ich das Tonbandgerät erneut einschalte, nicht einmal das Largo von Händel nützt. *Ombra mai fu.* Der hat Nerven, der Master Handel, *fu* eben doch und wie!

Schreiben, lese ich bei Buhl, wäre weniger mühsam, müßte man sich nicht bei jeder Geschichte auf einen Fortgang festlegen. Wenn ich angefangen habe, beginnt sich die Handlung alsbald zu verzweigen, wie ein Baumstamm in hundert Zweige ausläuft, aber während mein Blick alle diese Zweige gleichzeitig umfassen kann, stehe ich nur weit genug vom Baum weg, und während auch für den Baum alle diese Zweige zusammen die Krone bilden, kann eine Geschichte immer nur auf eine Weise weitergehen, wie eine Ameise, die den Stamm hinaufläuft und sich entscheiden muß, welchen Zweig sie wählen will. Allerhöchstens den Märchen ist es erlaubt, zum Schluß zwei Möglichkeiten anzubieten: *Und wenn sie nicht gestorben sind, dann leben sie heute noch.*

Nun ist aber die Verzweigung das einzige an meinen Geschichten, was mich interessiert. Wie sie ausgehen, interessiert mich schon nicht mehr, aber daß sie auf so vielfältige Weise ausgehen könnten, das interessiert mich, und diese Vielfalt an Möglichkeiten schießt mir, da es nebeneinander nicht geht, in großer Hast hintereinander durch den Kopf. Alle Ausgänge sind möglich, alle von gleichem Wert, keiner drängt sich auf und sagt: ich bin der einzig richtige. Ja, ich vermute sogar, daß der Schluß, den ich dann wähle – denn einen muß ich ja wählen, wenn ich noch an die Geschichte glaube und an mich als Geschichtenerzähler – daß dieser Schluß nie der beste aller möglichen Schlüsse ist, es gar nicht sein kann, denn es haftet ihm von vornherein ein Mangel an, der nämlich, daß er sich aufdrängt, daß er anderen Schlüssen den Platz nimmt. Das gibt ihm zuviel Gewicht. Darunter erstickt er förmlich. Seine Anmaßung *ich bin eben doch der richtige Schluß* macht ihn zum falschen.

Alle Möglichkeiten auf einmal – das wär's. Ich sehe die Geschichte vor mir wie einen Baum, nein, wie den Stammbaum eines großen Geschlechts: die Scharen von Urenkeln sind alle als Möglichkeiten angelegt im Ahn. Was sie wurden, steckte im Ältervater, und es steckte noch unendlich viel mehr in ihm, denn unter anderen Bedingungen hätte er die doppelte oder dreifache Zahl an Kindeskindern haben können. Alle diese Möglichkeiten. Alle diese Konjunktivformen in einer starken Indikativ-Wurzel. Ich schreibe sie auf, falls ich je damit fertig werde (denn wo ist je ein Ende der Möglichkeiten?), ich schreibe sie nacheinander auf. Der Leser, der mir noch folgt, liest sie nacheinander, und die einzige Erleichterung, die ich ihm bieten kann, ist die: ich variiere nicht langsam und unmerklich, sondern präsentiere ihm Gegensätze. Aber gleichviel: nach der letzten Möglichkeit beginnt mein Leser, der fortan keine andere Geschichte mehr braucht, mehr brauchen wird als diese eine unendliche, wieder von vorn bei der ersten, die er jedoch nicht wiedererkennen wird, denn dadurch, daß er inzwischen die andern kennt, hat sich die erste verändert, sie enthält die andern auch, und die andern enthalten, wenn er weiterliest, die erste mit, aber die veränderte erste, die nicht mehr dieselbe ist, weil sie die andern enthält. Dieser Kreis ist also kein Kreis, sondern eine Spirale.

Zu ihrer Beschreibung brauche ich den Konjunktiv. Ich muß sagen können: Hier ist eine Geschichte. Dies ist ihr möglicher Ausgang, einer ihrer möglichen Ausgänge, aber genausogut könnte sie anders ausgehen, oder auch gar nicht. Ich könnte ja aus jeder Drehung der Spirale auf eine andere Drehung übergehen, abwärts oder hinauf, als Ameise, die krabbelt.

Was haben andere gefunden, um diese Grenzenlosigkeit

einzudämmen oder vielmehr um diese Grenze, die dem Erzähler gesetzt ist, zu überschreiten?

Magie. Hexenkunst. Geisterbeschwörung. Drogen. Psychedelic Art. Synästhesie.

Lauter vergebliche Versuche.

Für die Möglichkeit, das Unmögliche möglich zu machen, brauche ich die Möglichkeitsform. Mit der Möglichkeitsform muß eine Geschichte zu schreiben sein, die alle möglichen Schlüsse enthält. Eine, die nicht an das Hintereinander gebunden ist, sondern die Zweige nebeneinander auffaltet. Sie muß beim Konjunktiv anfangen, nicht damit aufhören, wie ich bisher glaubte. Mürzig tritt aus dem zweiten Spiegel, in dem er verschwunden war, wieder hervor, er hält mir diesen Spiegel vor. Darin sehe ich mich selbst, Buhl, aber es greift schon hinter mich, das ist ein Sog, ich muß fort. Bliebe ich hier, ich müßte mich selbst beschreiben als einen Durchgang, und wenn jemand läse, was ich dabei empfinde, er müßte dem Sog verfallen wie ich, er wäre verloren wie ich. Zweimal zwei ist vier, das ist, nimmt man's genau, so unsäglich dumm, weil es stimmt. Die Möglichkeiten drumherum habe ich schon ausprobiert. Sie sind kaum besser. Drei, fünf, auch neunzehn, es muß noch ganz andere geben: eine Leuchtkugel, einen unvollendeten Satz.

Wäre mein Turm aus Glas, schreibt Buhl, und stünde er nicht hier im Kastanienwald, sondern mitten in einer Stadt, womöglich unter lauter anderen Türmen, von denen aus man mich unablässig beobachten könnte – ich liefe natürlich gleich fort.

Aber das wäre keine Geschichte. Die Geschichte verlangt, daß ich bleibe.

Ich säße zunächst da und täte gar nichts, von außen betrachtet. Denn ich dächte nach über diesen gläsernen

Turm. Hat man zuviel Glas produziert, war Glas plötzlich so billig, daß man es als Baumaterial verwendete statt der üblichen Backsteine oder der vorgegossenen Betonwände? Oder ist das ein Experiment der Regierung? Das sähe ihr gleich. Das Privatleben offenlegen. Den Bewohner des gläsernen Turms zur öffentlichen Person erklären. Was er tut, wie er sich verhält – es wird zur Schau gestellt. Aber warum? Bin ich eine so vorbildliche Person, daß andere von mir lernen sollen? Oder bin ich es nicht, und will man mich zwingen, es zu sein? Dann wäre der Turm entweder ein Gefängnis, eine Besserungsanstalt, oder der Ort schrankenloser Freiheit: was darin geschähe, geschähe öffentlich; wozu also noch irgendetwas verbergen von den Dingen, die man sonst verbirgt, vor andern und auch vor sich selbst? Ich vermute allerdings, der Turm wäre eher ein Gefängnis. Das schlimmste, das man sich vorstellen kann.

Ich würde darin exemplarisch leben, um der Strafe zu entgehen. Weil ich überwacht würde.

Oder ich würde durchdrehen und falsch handeln, weil ich überwacht würde, und der Strafe nicht entgehen.

Oder ich würde von vornherein falsch handeln, um so gegen die Überwachung zu protestieren und sie unnütz zu machen. Denn was könnten die Überwacher noch überwachen, wenn von vornherein feststünde, daß sie kein richtiges Handeln überwachen könnten?

Oder ich würde vorbildlich leben, dies aber nach und nach als falsch erkennen und dann richtig handeln, das heißt falsch für meine Überwacher, und ich würde meine Überwacher überwachen und herauszubekommen versuchen, wie lange sie bräuchten, um zu erkennen, daß richtig falsch geworden wäre und falsch richtig.

Sonst aber wäre das alles nicht so schlimm. Schlimm wäre

es erst, wenn ich in meinem Turm nicht allein lebte. Wäre noch jemand bei mir, dann würde der eine vorbildlich handeln und der andere falsch, aus welchen Gründen auch immer (Ausgewogenheit, Kontrastprogramm, Dialektik), und wir würden uns abwechseln, die Rollen tauschen, und gelegentlich, wenn wir nicht aufpaßten, für kurze Zeit beide vorbildlich handeln oder beide falsch und schlecht. Wir würden einander in Ruhe lassen und so tun, als lebten wir einzeln hier, jeder für sich, und dann gäben wir das auf und stritten uns über alles, ganz besonders aber darüber, wie wir handeln müßten und ob wir uns davon beeinflussen lassen sollten, daß man uns zuschaute, und auch darüber, ob wir überhaupt davon absehen könnten, oder ob das Glas unser Verhalten zwangsläufig bestimmte, und so weiter.

Das alles wären mögliche Verästelungen meiner Geschichte, schreibt Buhl, ich könnte sie nacheinander denken oder nebeneinander, aber wie auch immer: sie hülfen mir, nicht daran zu denken, daß es gar nicht auf die Möglichkeiten ankommt, die ich erfände, sondern auf das Glas. So ist das Geschichtenerfinden das beste Mittel, der Wirklichkeit zu entgehen, dem Indikativ. Wer Geschichten erzählt, ist ein Konjunktivist.

Soweit Buhl. Ich verstehe von alledem nichts. Ich lese es noch einmal und verstehe es nach wie vor nicht. Was soll das? Treibt er Versteckspiel mit Scheinproblemen? Ist er verrückt geworden?

Ich warte den Abend ab und zitiere ihn her.

Buhl kommt nicht.

Zum erstenmal kommt er nicht.

18

Eine merkwürdige Geschichte: ich habe gestern abend lange in Buhls Heften gelesen, ich wollte damit zu Ende kommen, las im letzten Drittel manches nur flüchtig, war gespannt auf den Schluß.

An den Schluß erinnerte ich mich heute morgen, als ich erwachte, ganz genau. Fast wörtlich.

Buhl spricht von Montaignes Turmzimmer, von den lateinischen Zitaten an der Decke. Daß Montaigne die Sprüche noch brauchte, sagt Buhl, zeigt, daß er nicht hoch genug gewohnt hat. Weiter droben hätte er keine Zitate mehr nötig gehabt, denn was er droben gefunden hätte, wäre besser gewesen als alles, was er von andern aufs Holz malte.

Ich habe mir nicht die Decke voll Sprüche gemalt, schreibt Buhl, aber ich habe einen schlimmeren Fehler begangen. Ich habe den Turm an einen Hang bauen lassen statt auf die Spitze eines Berges. Nach vorn ist es ein Turm, nach hinten ein Auswuchs, eine schiefe Höhle. Ich darf nicht nach hinten schauen. Ich kann mit der ausgestreckten Hand die Zweige der Kastanien berühren. So ein Turm ist keiner. Ein Turm muß frei stehen. Warum habe ich das nicht gewußt, als ich ihn bauen ließ?

So Buhl. Das sind die letzten Sätze im letzten Heft. Das müßte demnach die Begründung sein für sein Fortgehen.

Ich will das noch einmal nachlesen. Irgendetwas muß mir entgangen sein, irgendetwas habe ich nicht ganz begriffen. Wo sind die Hefte? Da liegen sie. Ich nehme das letzte, Buhl hat es nicht mehr ganz vollgeschrieben. Ich suche, was ich gestern abend zuletzt gelesen habe, und finde es nicht. Ich finde es nirgends. Es steht nicht da.

Zwei Tage lang noch einmal Buhls Hefte. Von vorn. Durchblättern, suchen. Es ist anstrengend. Immer wieder halte ich inne, um mir klarzumachen, wie es sich mit dieser Niederschrift verhält.

Am Anfang ist es ein Tagebuch. Buhl hat notiert, was ihm durch den Kopf ging, Bemerkungen über den Nebel und ähnliches. Dann kommt eine längere Passage mit Erinnerungen, die hauptsächlich Else betreffen. Zuerst in Andeutungen, dann stärker schieben sich Buhls Erfahrungen als Deutschlehrer in den Vordergrund. Der Konjunktiv. Irgendwann muß er gespürt haben, daß sich diese Erfahrungen, auf die eigene Person bezogen, wie eine Manie ausnehmen, daß sie aber einen ganz guten Stoff abgäben für eine Geschichte. Von da an gibt es den Mürzig, den Buhl zunehmend ins Groteske steigert. Mürzig muß auf den Berg, Mürzig wird Buhls Gesundheit geopfert, Mürzig stürzt ab. Oder nein, er stürzt ja nicht. Gegen Ende sieht es so aus, als habe Buhl seinen Mürzig gern, als steige er ihm nach. Klar ist es nicht. Hat er mit Mürzig gespielt, oder hat er ihn loswerden müssen? Vielleicht kann ich später einmal, aus größerem zeitlichen Abstand, einen Roman schreiben über diesen Buhl, der einen Roman schreiben will und den Stoff nicht in den Griff bekommt, weil er ihn noch lebt. Dazu müßte ich noch herausbekommen, wann Buhl aufgehört hat, in seiner Geschichte mitzuspielen, und warum. Ist er aus ihr hinausgetreten, als er abreiste, oder schon früher?

19

Gestern, sagt Grinzinger, habe ich Sie beobachtet. Sie standen am Fenster und sahen hinaus in den Nebel. Vermutlich standen Sie da in Gedanken, denn man sieht nicht viel, wenn es hier zu ist, aber dafür standen Sie wieder zu lang, und ich verzichtete darauf, Ihnen meine Brombeeren zu bringen. Ich dachte, ich dürfe Sie nicht stören. Das war edel gehandelt, wie Sie zugeben müssen, und dafür will ich jetzt belohnt werden. Ich möchte, daß Sie mir sagen, woran Sie dachten.

An nichts Bestimmtes. Ich wollte hinausschauen und sah, daß ich zu wenig sah, und dachte an das, was ich nicht sehen konnte.

Und wenn Sie alles sehen können, wenn es nicht neblig ist, denken Sie dann an das, was Sie sehen, oder denken Sie weiter weg, an das, was dahinter kommt und was Sie keinesfalls sehen können?

Ach, immer an beides zugleich. Ich will es Ihnen erklären, Herr Grinzinger. In der Schule habe ich gelernt, daß es Nadelbäume gibt: die Fichten oder Rottannen, die Weißtannen, die Kiefern oder Föhren oder Forchen und die Lärchen, die im Winter ihre Nadeln verlieren. Natürlich hat uns der Lehrer auch gesagt, daß es noch mehr gibt, aber der Rest, das waren seltene Parkbäume, Blautannen, Weymuthskiefern, und dann all die Bäume im Süden, die Pinien und die andern, deren Namen ich vergessen habe. Nur von den Zypressen sprach er nicht.

Damit habe ich gelebt, und wenn ich auf jemand stieß, der diese vier heimischen Nadelbäume nicht kannte oder die Weißtannen und Rottannen nicht auseinanderzuhalten verstand, meinte ich, ich müsse es ihm erklären, und fing mit den Nadeln der Rottanne an, die den Zweig büschelig umstehen, und kam zu den flachgefächerten der Weißtannen, und es ärgerte mich, wenn jemand dann die Tannen immer noch verwechselte. Die Kenntnis der Tannen war für mich etwas Elementares wie Gänseblümchen und Löwenzahn auseinanderhalten, aber selbst wenn jemand die Zapfen nicht kannte, fand ich das so schlimm, als hielte er einen Hahnenfuß für eine Sumpfdotterblume: schlimm genug. Aber eines Tages, als ich durch den Wald ging mit meiner Frau Else, es war im Südschwarzwald in der Nähe von Todtnau, und Else auf die Probe stellte, ob sie's nun endlich wisse, was eine Fichte sei, da stimmten meine Nadeln nicht mehr, ich wußte selbst nicht, ob der Zweig, den ich in der Hand hielt, ein Fichtenzweig oder ein Weißtannenzweig sei, und ich kam, als ich der Sache nachging, dahinter, daß es längst ganz neue Nadelbäume gibt, viele Arten, man hat sie aus Amerika und weiß Gott woher eingeführt und weitergezüchtet. Die Förster und die Bauern kennen sie längst, nur ich hatte nichts davon gewußt. Mein alter *Schmeil* stimmte nicht mehr. Ich hatte Wälder angeguckt mit meinem Einteilungsblick, meinem Ich-weiß-Bescheid-Blick, in Wirklichkeit aber hatte ich ganz andere Bäume gesehen, ohne es zu wissen oder auch nur zu ahnen.

Ja und?, fragt Grinzinger.

Sehen Sie, das meine ich. Ich schaue hinaus und sehe, was ich sehe, und trotzdem, denke ich mir, ist vielleicht alles längst ganz anders. Geschichte kann sich abgespielt haben inmitten der Tatzelwürmer; wenn sie abziehen, ist die Welt nicht mehr die alte. Neue Bäume haben sich breitgemacht, neue Steine, eine neue Luft, was weiß ich, die Luft ist hier sowieso nie dieselbe.

Ein typisches Beispiel von Blödsinn, sagt Grinzinger. Wo sollen neue Steine herkommen, etwa auch aus Amerika? Das ist so euer unsauberes, schwafliges Drauflosschwadronieren, euer Schreibergeschwätz, immer gleich übertreiben und verallgemeinern, damit füllt ihr Bücher und wundert euch, wenn das Zeug niemand liest. Hätte ich gewußt, daß in Ihrem Kopf nichts Wichtigeres vorging gestern, ich hätte Sie doch gestört; die Brombeeren hätten Ihnen gut getan, das sind immer noch Brombeeren wie vor hundert Jahren. Aber das mußte so kommen, auch bei Buhl habe ich das beobachtet, es nahm zu, er hätte sicher eines Tages durchgedreht.

So? Was wissen Sie sonst noch über Buhl? Von Buhl interessiert mich alles.

Die Sache mit den Farbbändern. Er hat sie mir einmal erklärt und gezeigt an seiner Schreibmaschine. Es gibt einfarbige, ganz schwarze, und zweifarbige, schwarz und rot. Hat man ein zweifarbiges eingespannt, so kann man, wenn man an der Maschine einen Hebel umlegt, rot tippen. Das Farbband wird so angehoben, daß die Lettern auf die untere Hälfte des Farbbandes fallen. Nun müßte, sagte Buhl, die logische Folge sein, daß ein einfarbiges schwarzes Band nur in der oberen Hälfte abgenützt wird, solange man den Hebel nicht umlegt, und daß man, legt man ihn schließlich doch um, eine noch ganz unbenützte untere Hälfte benützen könnte. Aber aus irgendeinem Grund stimmt das nicht. Die untere Hälfte, die noch unbenützt sein müßte, gibt nicht mehr Farbe ab als die abgenützte obere, sie ist, weiß der Kuckuck wie, auch schon mit abgenützt worden.

Das interessiert mich nicht. Und ich verstehe auch nicht, daß es Buhl so beschäftigt hat.

So? Wissen Sie denn die Lösung?

Nein. Aber ich weiß eine andere. Tiefkühlkostmesser für eingefrorene Kastanien braucht man nicht. Statt die gefrorenen Kastanien mühsam anzusägen, sticht oder sägt man sie mühelos vor dem Einfrieren an. Es wundert mich, daß Buhl nicht draufgekommen ist.

Grinzinger sieht mich komisch an. Er sagt nichts. Er räumt die Schachfiguren wieder weg, die er gerade aufstellen wollte. Wir haben nie miteinander Schach gespielt. Wollte er jetzt, zum ersten Mal?

Das mit den Kastanien, sagt er schließlich und geht, ist gut. Ich werde es mir merken. Nur nützt es nicht viel. Frische sind besser. Die Leute hier frieren sie nicht ein, sie legen sie in Sand. Buhl friert alles ein, sogar Brot. Haben Sie einmal eingefrorenes Brot wieder aufgetaut? Es hat einen häßlichen weißen Belag. Stärke. Sieht aus wie Schimmel. Wiedersehn.

20

Bei Marcello, der den kleinen Laden in Sant 'Agata betreibt, habe ich mich erkundigt, ob dies hier eine Erdbebengegend ist.

Doch, gelegentlich wackelt's, schwach. Die Beben im Friaul, die spüren wir hier, wenn sie sehr stark sind.

Ja, davon habe ich gehört. Aber die meine ich nicht. Ich meine ganz schwache Beben, häufig, fast jede Nacht, seit einiger Zeit. Spüren Sie nichts?

Nein, sagt Marcello. Warum?

Weil der Turm zittert.

Marcello sieht mich an, zieht die Augenbrauen leicht hoch, sagt nichts. Ich kann mir denken, was ihm durch den Kopf geht: Diese Deutschen, anscheinend spinnen sie alle ein bißchen.

Als ich das Zittern zum erstenmal spürte, war ich mir nicht ganz sicher. Es hörte auch bald wieder auf und erinnerte mich an das fast unmerkliche Vibrieren in manchen Häusern, in Fertighäusern vor allem, wenn die Ölheizung anspringt. Ich bin einmal in einem solchen Haus zu Gast gewesen, in Südschweden, im Winter, alle zehn Minuten begann es im Keller zu brummen. Ich konnte die ganze Nacht nicht schlafen.

Der Turm zittert also. Aber vielleicht bin auch ich es, der zittert. Ich gehe meist spät zu Bett, vorher im Sessel spüre ich nichts, aber kaum liege ich flach auf dem Rücken (auf die Seite drehen kann ich mich nicht wegen meiner Bandscheibengeschichte), beginnt mein Bett zu vibrieren. Einmal bin ich aufgesprungen, habe mich auf die Bettkante gesetzt und gewartet, da war es vorbei. Ich weiß schon: ich bin es, der zittert. Ich weiß nur nicht, warum, und habe Angst. Ich führe hier ein denkbar ruhiges Leben, ohne Behelligungen. Ich muß mich also nicht entspannen, wenn ich zu Bett gehe, ich bin nie übermüdet, und darum ist mir das Ganze so rätselhaft. Das Zittern durchläuft meinen Körper, sobald ich liege. Die Beklemmung, die mich dann befällt, schob ich am Anfang auf meine Angst vor Beben. Aber der Turm bebt nicht.

Käme irgendjemand zu mir und erzählte dergleichen von sich, ich riete ihm, seinen verborgenen Ängsten auf den Grund zu gehen. Doch wovor soll ich Angst haben? Etwa davor, daß ich nicht herausbekomme, warum Buhl fort ist? So wichtig ist das auch nicht. Nicht mehr.

Gestern abend war das Zittern so stark wie nie zuvor. Es klang nicht gleich wieder ab wie sonst, es hielt an, so lange, daß ich aufstand, mich zu vergewissern, ob nicht doch das Bett bebe, der ganze Turm. Ich versuchte mir gut zuzureden, aber mir wurde heiß, ein paarmal war mir auch schwarz vor den Augen, wenn einem vor geschlossenen Augen schwarz sein kann. Schwindel, Ohnmacht vielleicht, im Bett merkt man's kaum. Der Blutdruck. Vielleicht trinke ich zu viel. Aber ich trinke mäßig, und mein Blutdruck war bisher immer zu schwach, nie zu stark. Irgendetwas ist mit mir los.

Heute morgen hatte ich Magenkrämpfe. Ich dachte daran, wie aufgeschmissen ich wäre, stieße mir hier etwas zu. Zu Hause gäbe es jemand, der nach mir sähe. Warum sage ich *jemand* und nicht *Else*?

Ich muß weg. Ein paar Wochen Selbstbetrug sind genug. Wenn ich bleibe, werde ich vielleicht ernstlich krank. Ich weiß, wie erbärmlich das ist: ins gemachte Netz zurückkehren. Ob Else sich allein gefühlt hat – ich habe nicht danach gefragt. Aber jetzt. Ich werde sie um Verzeihung bitten.

Morgen schreibe ich einen Brief an Grinzinger; immerhin hat er sich um mich gekümmert. Vielleicht auch einen an Signor Tuzzi, er möge seine extraordinären Künste nicht mehr bemühen und mir lieber das Konto der Staatskasse angeben und Buhls Defizit. Na siehst du, Männchen. Einen Entschluß gefaßt, und schon geht es wieder, sogar ganz lustig. Vielleicht zittert daraufhin nicht einmal der Turm heute nacht. Und jetzt räume ich auf. Ich werde, soweit möglich, den Turm so zurücklassen, wie ich ihn angetroffen habe. Die Weinvorräte sind dezimiert, die Vorräte aufgegessen, das wollte Buhl so. Falls er zurückkommt, findet er seine schwarzen Hefte auf dem Tisch, säuberlich gestapelt, als hätte ich sie nicht gelesen.

Ich habe sie aber gelesen. Und ich habe den Roman nicht geschrieben, den ich schreiben wollte. Im Augenblick weiß ich nicht, ob ich je wieder einen Roman werde schreiben können. Diesen, den ich schreiben wollte, jedenfalls nicht. Ich kann mein Zeitalter nicht kritisieren. Es mag vieles an ihm auszusetzen geben, aber ich bin nicht der rechte Mann dafür. Der rechte Mann müßte mit sich selber im reinen sein.

Das bestellte Taxi hupt. Den Koffer, ich steige hinunter, schließe ab. Den Schlüssel muß ich mitnehmen, denn da ich nicht weiß, wo Buhl ist, kann ich ihm auch nichts schicken. Er wird sich schon melden, wenn er ihn braucht.

Der Taxifahrer bringt mich an die Post von Brissago, zur Bushaltestelle.

Allora, se ne va?

Si.

Per sempre?

Ein klarer, sonniger Tag. Kondensstreifen am Himmel, die langsam dicker werden und sich auflösen.

Credo di si.

Ich schäme mich meiner Rückkehr nicht mehr. Besser spät als nie, das ist auch Elses Devise. Sie wird überrascht sein, aber wenn ich ihr meine Rückkehr hätte ankündigen wollen, hätte ich noch im Turm bleiben müssen, der doch wieder gebebt hat, einen Tag oder zwei, man kann nicht hinter einem Brief herreisen.

Es stimmt nicht, daß aus den Erfahrungen anderer nichts zu lernen ist. Ich habe gelernt. Ich bin Buhl dankbar.

Im Gotthardtunnel schließe ich die Augen und sehe die Szene vor mir, die sich bald abspielen wird, heute noch, heute abend: wie ich die Treppe hinaufsteige, wie Else mir öffnet, mich fragend ansieht, ein wenig verblüfft vielleicht, aber schon mit diesem Lächeln der Verzeihung in den Mundwinkeln, das ihr so gut steht und mir so wohltut: So, hast du genug vom Ausreißen?

Ja. Da bin ich wieder. Wollen wir's noch einmal miteinander versuchen?

Nein, das sage ich nicht. Wir werden uns später aussprechen, auch Else flüchtet sich zunächst in Geschäftigkeit, sucht meine Hausschuhe, die sie verräumt hat, setzt Tee auf, fragt mich, ob ich einen Schuß Rum dazu möchte. Aber dann, ehe wir zu Bett gehen, werde ich am Fenster stehen, in nebelloses Dunkel hinausschauen, das Licht im Rücken, und sagen: Ich weiß jetzt noch nicht, was ich falsch gemacht habe. Aber ich glaube, ich werde es bald wissen.

Und so kommt es denn auch.

Oder beinahe.

Ich steige die Treppe hinauf.

Meine Schlüssel sind im Koffer; ich läute.

Ich höre Schritte.

Die Tür geht auf.

Buhl.

Peter Carey: Traumflug
Fantastische Geschichten
240 Seiten. Broschur. 22 DM

Carey führt den Leser in den Geschichten der Sammlung »Traumflug« zunächst ganz raffiniert die Straße der Realität entlang, auf der alles normal und vertraut erscheint. Menschen, Situationen, Schauplätze erweisen sich als nachvollziehbar. Ein alternder einsamer Mann in seinem Londoner Haus, der auf den Besuch seiner Nachbarin wartet: ein Junge, der mit seiner Freundin ein Drive-in-Kino besucht: ein Antiquitätenhändler mit einer allerdings etwas ungewöhnlichen Nebenbeschäftigung: Menschen, die sich in einer australischen Kleinstadt langweilen: zwei gestrandete Touristen in einer südamerikanischen Republik und so fort. Doch kaum hat der Leser die Situation als »bekannt« identifiziert, beginnt der Autor Störmechanismen einzubauen, die aufhorchen lassen, unheimlich berühren, Schauer über den Nacken jagen. Und während der Leser, dermaßen verunsichert, vorsichtig weiterliest, sich vielleicht sogar wieder beruhigen läßt, bereitet Carey einen überraschenden und unerwarteten Schluß-Coup vor.

RAINER WUNDERLICH VERLAG

Literatur heute

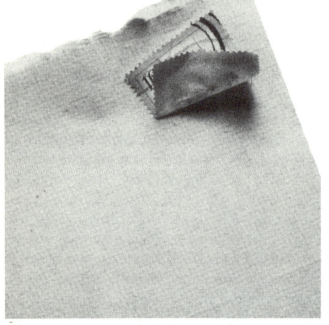

Armin Ayren · Der Mann im Kamin

Die Geschichte eines ungelösten Rätsels: Wer ist der Posthalter Talander, der im Alpendorf Birg Briefe noch wie vor zwanzig Jahren frankiert? Hat es ihn je gegeben? Hat er sich in Luft aufgelöst, wie die Birger Bürger behaupten? Liegt er seit Jahren tot »im Kamin«?

Taschenbücher